Eu, _____, dedico este livro a(o)_____.

Que o "Mestre dos Mestres" lhe ensine que nas falhas e lágrimas se esculpe a sabedoria.

Que o "Mestre da Sensibilidade" lhe ensine a contemplar as coisas simples e a navegar nas águas da emoção.

Que o "Mestre da Vida" lhe ensine a não ter medo de viver e a superar os momentos mais difíceis da sua história.

Que o "Mestre do Amor" lhe ensine que a vida é o maior espetáculo no teatro da existência.

Que o "Mestre Inesquecível" lhe ensine que os fracos julgam e desistem, enquanto os fortes compreendem e têm esperança.

Não somos perfeitos. Decepções, frustrações e perdas sempre acontecerão.

Mas Deus é o artesão do espírito e da alma humana. Não tenha medo.

Depois da mais longa noite surgirá o mais belo amanhecer. Espere-o.

O MESTRE
DA VIDA

ANÁLISE DA INTELIGÊNCIA DE CRISTO - 3

AUGUSTO CURY

O MESTRE DA VIDA

JESUS, O MAIOR SEMEADOR DE ALEGRIA,
LIBERDADE E ESPERANÇA

SEXTANTE

Copyright © 2006 por Augusto Jorge Cury
Todos os direitos reservados.

edição: Regina da Veiga Pereira
revisão: Jean Marcel Montassier, José Tedin Pinto e Tereza da Rocha
projeto gráfico: DTPhoenix Editorial
diagramação: Gustavo Cardozo
capa: Filipa Pinto
imagem de capa: RaiDztor/ Shutterstock
impressão e acabamento: Lis Gráfica e Editora Ltda.

CIP-BRASIL. CATALOGAÇÃO NA PUBLICAÇÃO
SINDICATO NACIONAL DOS EDITORES DE LIVROS, RJ

C988m   Cury, Augusto, 1958-
        O mestre da vida / Augusto Cury. Rio de Janeiro: Sextante, 2020.
        176 p.; 14 x 21 cm. (Análise da inteligência de Cristo; 3)

        ISBN 978-65-5564-051-9

        1. Emoções. 2. Jesus Cristo - Personalidade e missão. 3. Jesus Cristo - Ensinamentos. 4. Psicologia e filosofia. I. Título. II. Série.

20-65534   CDD: 152.4
                                                                 CDU: 159.942

Todos os direitos reservados, no Brasil, por
GMT Editores Ltda.
Rua Voluntários da Pátria, 45 – 14.º andar – Botafogo
22270-000 – Rio de Janeiro – RJ
Tel.: (21) 2538-4100
E-mail: atendimento@sextante.com.br
www.sextante.com.br

*Ele brilhou onde não havia nenhum raio de sol.
Depois que ele passou pela Terra nunca
mais fomos os mesmos.*

Sumário

Prefácio 11

Capítulo 1
As causas sociais do julgamento 15

Capítulo 2
O Mestre da Vida paralisa os soldados 27

Capítulo 3
O poderoso e dócil: um exímio psicoterapeuta 38

Capítulo 4
Rejeitado e torturado na casa de Anás 46

Capítulo 5
Condenado na casa de Caifás pelo sinédrio 64

Capítulo 6
O julgamento pelo Império Romano 83

Capítulo 7
Dois Herodes violentando Jesus 93

Capítulo 8
Trocado por um assassino: os açoites e a coroa de espinhos 98

Capítulo 9
A última cartada da cúpula judaica 107

Capítulo 10
O mais ambicioso plano da história 126

Capítulo 11
As lições e o treinamento da emoção do Mestre da Vida 150

Apêndice
Os homens do Império Romano na história de Cristo: o pano de fundo 163

Prefácio

Nós nos alegramos pelo fato de a coleção Análise da Inteligência de Cristo estar sendo lançada em diversos países, ajudando milhares de leitores. Meu desejo inicial era publicar apenas três livros. Todavia, a personalidade de Cristo é tão espetacular que, à medida que comecei a investigá-la mais profundamente, percebi que três livros seriam insuficientes.

Pensava, por exemplo, em escrever um volume sobre os enigmas e as lições de vida que estão presentes no julgamento e na morte de Jesus. Não foi possível. Há tantos eventos em seu julgamento e sua crucificação que decidi abordá-los em dois livros. Esses momentos da história de Cristo são tão complexos e relevantes que mudaram as páginas da história. Da sua prisão até o último suspiro na cruz decorreram menos de 24 horas, mas isso foi o suficiente para situar a história em duas eras: antes de Cristo (a.C.) e depois de Cristo (d.C.). Todas as vezes que registramos o ano em que estamos, testemunhamos que Jesus Cristo dividiu a história.

Um dia, eu e o leitor morreremos e, com o passar do tempo, cairemos no esquecimento. No máximo, algumas pessoas mais íntimas se lembrarão de nós e sentirão saudade. Todavia, o Mestre dos Mestres é inesquecível. As reações emocionais e os pensamentos que teve no auge da dor fogem completamente ao que se poderia esperar de um homem em meio ao caos que Jesus enfrentou.

Analisaremos aqui as profundas lições que ele nos deixou ao longo de sua vida, particularmente durante sua prisão, seu julgamento e sua condenação à morte. A maneira como superou a dor, venceu o medo, suportou a humilhação pública e preservou a lucidez num ambiente inóspito nos deixa atônitos. Este livro termina quando ele sai sangrando da Fortaleza Antônia, a casa de Pilatos, sentenciado à morte e carregando a cruz.

No próximo volume desta coleção, *O Mestre do Amor*, estudaremos os fatos fundamentais que ocorreram na sua longa caminhada até o Gólgota, os fenômenos misteriosos e as palavras inigualáveis que ele proferiu durante a sua crucificação. Jesus foi um mestre do amor até seu coração silenciar.

Fechando esta coleção, *O Mestre Inesquecível* investigará o perfil psicológico dos discípulos antes da morte do seu mestre, os conflitos, dificuldades, temores e transformações por que passaram nas décadas seguintes. Estudaremos a mais profunda revolução ocorrida na vida de pessoas incultas. Aqueles galileus iletrados e sem grandes qualificações intelectuais desenvolveram as funções mais importantes da inteligência, sofreram uma profunda mudança no cerne de seu espírito e, por fim, incendiaram o mundo com a mensagem do carpinteiro da vida.

Quem não teve oportunidade de ler os livros em sequência não precisa se preocupar, pois eles podem ser lidos separadamente.

Agradeço a todos os leitores, entre os quais reitores de universidades, médicos, psicólogos, professores, empresários, jovens e adultos, que nos têm enviado e-mails e cartas animadoras revelando que abriram as janelas de suas vidas e arejaram suas emoções após a leitura desses livros.

Alegro-me também porque muitas pessoas que professam

outras religiões cristãs nos escreveram dizendo-se encantadas com a personalidade do Mestre dos Mestres, afirmando que reacenderam a chama do seu amor por ele e que por meio desse amor aplainaram as suas diferenças. Animo-me em saber que ateus têm sido ajudados por esses textos e que pessoas pertencentes a religiões não cristãs também ganharam um novo alento em suas vidas após lerem os livros desta coleção.

Estou contente pelo fato de diversas faculdades de pedagogia e outros cursos, bem como escolas de ensino médio, estarem adotando esses livros, visando estimular a arte de pensar e as funções mais importantes da inteligência, tanto dos professores como dos alunos.

Apesar desse avanço, creio que a psicologia e a educação levarão muitos anos para perceber o erro que cometeram deixando de investigar a personalidade de Jesus Cristo e de aproveitar sua riquíssima história para o treinamento da emoção, bem como os mecanismos psíquicos e pedagógicos que ele utilizava para prevenir doenças e gerar pessoas livres, felizes e líderes em seu próprio mundo.

As reações de encantamento pelo Mestre da Vida que esta coleção tem provocado não são fruto de minha habilidade como escritor, mas da excelência do personagem que analiso. Tenho convicção das minhas limitações para descrever a sua grandeza.

Torturado, Jesus demonstrou esplêndida coragem e segurança. No extremo da dor física, produziu frases poéticas. No topo da humilhação, expressou serenidade. Quando não havia condições de proferir palavras, ensinou pelo silêncio, pelo olhar, pelas reações tranquilas e, algumas vezes, por suas lágrimas.

Embora este livro seja um estudo de filosofia e psicologia, o leitor encontrará, também, referências a trechos do Antigo e do Novo Testamento, com indicação do autor, do capítulo e versículo em que se encontram. Sugiro que, independentemente de sua crença, você tenha uma Bíblia ao alcance da mão. A leitura desses textos, no quadro mais amplo em que se apresentam, promoverá um conhecimento maior dessa figura única e fascinante que com suas palavras, gestos e atitudes revolucionou o mundo e o espírito humano.

Augusto Jorge Cury

CAPÍTULO I

As causas sociais do julgamento

Passos apressados, rostos contraídos, uma preocupação intensa permeava uma escolta de soldados que caminhavam na noite densa. Tinham ordens expressas para prender um homem. Ele não usava armas nem pressionava as pessoas para que o seguissem, mas agitava toda uma nação, abalava as convicções dos seus líderes, destruía os preconceitos sociais, propunha princípios de vida e discursava sobre as relações humanas de um modo nunca visto.

Jerusalém era uma das maiores e mais importantes cidades do mundo antigo. Era berço de uma cultura milenar. Seus habitantes viviam das glórias do passado. Agora, estavam sob o jugo do Império Romano, e nada os animava. Entretanto, apareceu ali alguém que mudou a rotina da cidade. Só se falava a respeito de um homem que realizava feitos inimagináveis e possuía uma eloquência espantosa. Um homem que se esforçava em vão para não ser assediado, pois quando abria a boca incendiava os corações. As pessoas se acotovelavam para ouvi-lo.

O carpinteiro de Nazaré entalhava madeira com as mãos; com palavras, a emoção humana. Como pôde alguém de mãos tão ásperas ser tão hábil em penetrar nos segredos da nossa alma?

Sua doçura e sua afabilidade não sensibilizaram os líderes da sua sociedade, que tentaram várias vezes em vão assassiná-lo por apedrejamento. Procuraram fazê-lo cair em contradição, tropeçar nas próprias palavras, mas sua inteligência deixava-os atônitos.

Sua fama aumentava a cada dia. Milhares de pessoas aprendiam a cartilha do amor. Ficava cada vez mais difícil prendê-lo. Entretanto, um fato novo deu alento aos seus inimigos: um de seus seguidores resolveu traí-lo.

O amanhã é um dia incerto para todos os mortais. Jesus, para espanto dos seus discípulos, afirmava que sabia tudo o que lhe aconteceria. Que homem é esse capaz de penetrar no túnel do tempo e se antecipar aos fatos? Ele sabia que ia ser traído. Então resolveu facilitar sua prisão, pois tinha forte convicção de que havia chegado o momento de passar pelo mais dramático caos que um ser humano pode enfrentar. Todos fogem do cárcere; no entanto, ele o procurou.

Afastando-se da multidão, o mestre de Nazaré foi com seus discípulos para um jardim nas cercanias de Jerusalém. Era uma noite fria e densa. Nesse jardim, como relata *O Mestre da Sensibilidade*, ele voltou o rosto para os pés e, gemendo de dor, orou profundamente. Preparou-se para suportar o insuportável. Sabia que ia ser mutilado por seus inimigos e aguardou a escolta de soldados.

Jesus ficou irremediavelmente famoso

A presença de Cristo em Jerusalém estava ficando insustentável. Pessoas acorriam de todos os cantos e das cidades próximas para vê-lo. O assédio da multidão ficara ainda mais intenso porque, poucos dias antes de sua morte, ele fez algo espetacular por seu amigo Lázaro em Betânia, uma pequena cidade perto de Jerusalém (*João 11:1*).

Frequentemente perdemos contato com nossa história. Os amigos e as belas e singelas experiências do passado se tornam páginas que dificilmente folheamos. Jesus, apesar de sua fama, nunca se esquecia das coisas simples nem abandonava aqueles que o amavam. Lázaro morrera havia quatro dias. Nós, às vezes, sepultamos muitos amigos que estão vivos e nunca mais nos lembramos deles. Jesus, ao contrário, não se esquecia nem dos que tinham morrido. Por isso, foi visitar a família de seu amigo Lázaro.

O que se pode fazer por uma pessoa em estado de putrefação? Depois de 15 minutos de parada cardíaca, sem manobras de ressuscitação, o cérebro é lesado de maneira irreversível, comprometendo áreas nobres da memória. Essa situação é capaz de causar um elevado grau de deficiência mental, pois milhões de informações se desorganizam, impedindo que os quatro grandes fenômenos que leem a memória e constroem as cadeias de pensamentos sejam eficientes nessa magna tarefa intelectual.*

A memória de Lázaro havia se tornado um caos

Se 15 minutos sem irrigação sanguínea são suficientes para lesar o cérebro, imaginem o que acontece depois de quatro dias de falecimento, como no caso de Lázaro. Não há mais nada a fazer.

Todos os segredos da memória desse homem tinham-se perdido de maneira irreparável. Bilhões, trilhões de informações contidas no córtex cerebral e que alicerçavam a construção da sua inteligência se transformaram num caos. Não havia mais história de vida nem personalidade. A única coisa que se podia fazer era tentar consolar a dor das suas irmãs, Maria e Marta.

Todas as vezes em que parecia não haver mais nada a fazer aparecia o Mestre da Vida, subvertendo as leis da biologia e

---

* Cury, Augusto J. *Inteligência multifocal*. São Paulo: Cultrix,1998.

da física. Quando todo mundo estava desesperado, ele reagia com tranquilidade.

Lázaro era uma pessoa bastante conhecida, e por isso muitos judeus estavam lá consolando suas irmãs. Quando Maria viu o mestre, lançou-se a seus pés, chorando.

Ao vê-la assim, Jesus chorou também. Chorou diante da dor e da fragilidade humanas. O homem Jesus chorava ao ver as lágrimas de suas amigas. Somos, muitas vezes, insensíveis à angústia dos outros, mas ao olhar de Jesus nada escapava, nem mesmo o sentimento de inferioridade de uma prostituta ou de um leproso.

Ao chegar ao lugar onde Lázaro estava sepultado, Jesus pediu que retirassem a pedra da tumba. Aflita, Marta argumentou sensatamente que seu irmão já cheirava mal, pois falecera havia quatro dias. Marta olhava para o mundo possível; Jesus, para o impossível. Com uma segurança inabalável, o mestre acalmou-a, dizendo que não temesse, apenas cresse.

Retirada a pedra, ele se aproximou sem se importar com o espanto das pessoas. Manifestando o poder incompreensível de quem está acima das leis da ciência, ordenou que Lázaro saísse do túmulo.

Para perplexidade de todos, um homem envolto em ataduras obedeceu à ordem e veio imediatamente ao encontro de Jesus. Bilhões de células nervosas ganharam vida. Os arranjos físico-químicos que ordenam as informações no córtex cerebral se reorganizaram. O sistema vascular se recompôs. Os órgãos foram restaurados, o coração voltou a pulsar e a vida recomeçou a fluir em todos os sistemas daquele cadáver.

Nunca na história, até os dias de hoje, uma pessoa clinicamente morta, cujo coração parou de bombear o sangue há vários dias, recuperou a vida, a memória, a identidade e a capacidade de pensar, como no caso de Lázaro. Jesus era verdadeiramente um homem, mas concentrava dentro de si a vida do Criador. Para ele não havia morte; tudo o que ele tocava ganhava vida. Que homem é esse que faz coisas que nem em seus extremos delírios a medicina sonha realizar?

Retirando a pedra

Há uma consideração a fazer nessa passagem. Jesus realizou um dos maiores milagres da história. Contudo, antes de fazê-lo, pediu que os homens retirassem a pedra da tumba.

Se tinha poder para ressuscitar alguém, por que não usou esse poder para remover a pedra? Porque é necessário primeiro tirar a pedra do nosso medo, da nossa insegurança e do nosso desespero para que Jesus possa intervir.

Sem a fé do ser humano, sem a sua cooperação, Jesus Cristo raramente age. Para ele, o maior milagre não é a cura sobrenatural de um corpo doente, mas a superação do medo, da infelicidade e da ansiedade de uma alma doente.

Por vontade do mestre de Nazaré, seu amigo Lázaro saiu do caos cerebral para a plena sanidade. A partir daí, a fama de Jesus, que já era enorme, tornou-se irrefreável. Os líderes judeus, que haviam tentado matá-lo sem êxito, procuravam em vão conter a admiração que ele suscitava.

Desanimados, diziam uns para os outros: *"Vede, nada conseguis. Todos vão atrás dele!"* (*João 12:19*). Ou os líderes judeus o eliminavam ou se rendiam a ele.

Os motivos que levaram Jesus ao julgamento

O comportamento do mestre de Nazaré não agradava àqueles que tinham sede de poder e amavam o individualismo. Sua postura incomodava até alguns de seus discípulos.

Eles pediam que ele não se ocultasse, que se manifestasse claramente ao mundo. Gostariam de ver a cúpula judaica e a romana se dobrarem diante dele. Desejavam ver o seu mestre no mais alto patamar, acima de todos os homens, para que, quando ele estivesse lá, pudessem desfrutar sua posição. Entretanto, o mestre os chocava com seu comportamento.

Apesar de ser tão poderoso, queria ter o mais baixo status social. Embora fosse o mais livre dos seres humanos, almejava ser um escravo da humanidade. Os discípulos não compreendiam como alguém tão grande podia desejar se fazer tão pequeno.

Uma única vez aceitou estar acima dos seres humanos. Foi quando, pendurado na cruz, se tornou um espetáculo de vergonha e de dor. Como é possível que uma pessoa capaz de ter todos aos seus pés tenha preferido postar-se aos pés do mundo?

O mestre não conseguia ser ocultado

Jesus era um fenômeno social impossível de ser ocultado. Apesar de levar uma vida simples, sem ostentação, não conseguia ser ignorado.

O Mestre da Vida não apenas era seguido por inúmeras pessoas como tocava-as no território da emoção. Elas se apaixonavam por ele. Pessoas ricas e pobres, cultas e iletradas que nunca tinham aprendido as lições mais básicas do amor passaram a admirar e amar um carpinteiro. Muitos mal conseguiam esperar os primeiros raios de sol para sair ao encontro daquele que dera um novo sentido à vida deles.

A relação afetiva que Jesus tinha com a multidão era insuportável para os membros da cúpula judaica. "Ficavam apavorados com a possibilidade de uma intervenção de Roma nos movimentos do povo que se organizava em torno do mestre de Nazaré. Perderiam seus cargos e as benesses do poder que a relação com o império lhes propiciava. Naquela época, até o sumo sacerdote era eleito pela política romana."*

---

* Josefo, Flávio. *A história dos hebreus.* Rio de Janeiro: Editora CPAD, 1990.

Contudo, não era apenas o medo da intervenção romana que os preocupava. A inveja também os torpedeava. Nunca haviam alcançado uma pequena dose do prestígio de que o nazareno desfrutava. Outro assunto intragável para os líderes de Israel eram as acusações que Jesus fazia contra eles. Entretanto, o que mais os perturbava era o fato de aquele simples homem se declarar o "Cristo", o ungido de Deus, o filho do Deus altíssimo.

Criticando o falso moralismo dos fariseus

Jesus era um homem corajoso. Conseguia falar o que pensava mesmo quando colocava sua vida em risco. Dizia que os fariseus limpavam o exterior do corpo, mas não se importavam com o seu conteúdo.

O mestre era delicado com todas as pessoas, inclusive seus opositores, mas em algumas ocasiões criticou com contundência a hipocrisia humana. Disse que os mestres da lei judaica seriam drasticamente julgados, pois atavam pesados fardos para as pessoas carregarem, enquanto não se dispunham a movê-los sequer com um dedo (*Mateus 23:4*).

Quantas vezes não somos rígidos como os fariseus, exigindo das pessoas o que elas não conseguem suportar e nós mesmos não conseguimos realizar? Exigimos calma dos outros, mas somos impacientes, irritadiços e agressivos. Pedimos tolerância, mas somos implacáveis, excessivamente críticos e intolerantes. Queremos que todos sejam estritamente verdadeiros, mas simulamos comportamentos, disfarçamos nossos sentimentos. Desejamos que os outros valorizem o interior, mas somos consumidos pelas aparências externas.

Temos de reconhecer que, às vezes, damos excessiva atenção ao que pensam e falam de nós, mas não nos preocupamos com aquilo que corrói nossa alma. Podemos não prejudicar os outros com nosso farisaísmo, mas nos autodestruímos quando não intervimos em nosso mundo interno, quando não somos capazes de fazer uma faxina em sentimentos negativos como a inveja, o ciúme, o ódio, o orgulho, a arrogância, a autopiedade.

Jesus abala os líderes de Israel com suas parábolas

Certa vez, o mestre foi convidado para comer na casa de um fariseu (*Lucas 14:1*). Era um sábado. Havia muitos convidados e todos o observavam. Estavam atentos tentando descobrir alguma falha nele, principalmente se desrespeitaria o sábado, curando alguém. Como sempre acontecia, uma pessoa extremamente doente apareceu, e mais uma vez Jesus abalou a rigidez dos moralistas.

Antes de realizar o milagre, fitou os convidados e perguntou-lhes o que fariam se um filho ou um boi caísse em um poço num sábado. Eles não o socorreriam imediatamente? Ninguém lhe deu resposta; alguns ficaram calados, outros, envergonhados.

O Mestre da Vida aproveitou a ocasião para contar-lhes mais uma parábola que ilustrava a necessidade compulsiva de prestígio e poder social. Falou-lhes que, quando fossem convidados para um casamento, não deveriam procurar sentar-se nos primeiros lugares, para que, vindo o noivo, este não os retirasse dali para dar lugar a pessoas mais importantes. Estimulou-os a procurar o último lugar, para que o anfitrião os convidasse a ocupar um lugar melhor, e assim fossem honrados diante dos demais convivas.

Nessa mesma passagem, esse brilhante contador de histórias foi mais longe. Lembrou o individualismo, o egocentrismo e a troca de favores que permeiam o consciente e o inconsciente humanos. Abordou um princípio chocante que raramente é observado, mesmo por aqueles que se dizem seus mais ardentes seguidores (*Lucas 14:12*).

Pediu-lhes que, quando preparassem um jantar, não convidassem os poderosos, os ricos e os amigos, porque estes tinham como retribuir. Recomendou que eles convidassem os cegos, os coxos, os aleijados e os pobres, que não têm como oferecer qualquer retribuição. Segundo ele, a retribuição seria dada por aquele que vê o que está escondido, pelo Autor da vida.

Desejava que cuidássemos dos aleijados, não apenas os que têm o corpo mutilado, mas também os que não conseguem caminhar nesta turbulenta existência. Almejava que ajudássemos os cegos, não apenas os que não enxergam com os olhos, mas também os que estão cegos pelo medo, pela dor da depressão, pelas perdas e frustrações.

Quem ama as pessoas desprezadas como ele amou? Quem acaricia os humildes e os honra como seres humanos ímpares? Quem emprega seu tempo, sua atenção, sua emoção para aquecer os feridos na alma? Com suas palavras simples e profundas, o mestre interpelou drasticamente não apenas os fariseus como todos nós.

O egoísmo, o orgulho e o individualismo são "vírus" da alma que nunca morrem. Podemos controlá-los, mas nunca os eliminamos. Se não os combatermos continuamente, eles um dia eclodirão de forma sorrateira, infectando nossa emoção e nos distanciando aos poucos dos nossos próximos.

Um amor que valoriza cada ser humano

O mestre se preocupava com todos os que sofriam. Gastava tempo procurando aliviar suas dores e resgatar sua autoestima, estimulando-os a não desistir da vida. Desejava ardentemente que ninguém se sentisse inferior diante do desprezo dos outros e das dificuldades sociais.

A emoção do mestre era imensurável, ao passo que a dos fariseus era estreita. Se alguém almejasse ser seu discípulo, tinha de alargar os horizontes do seu pequeno mundo e incluir as pessoas, tinha de se deixar invadir por um amor que o impelisse a cuidar delas.

Cristo dizia que os sãos não precisam de médicos. Os fariseus, embora estivessem doentes na alma, se consideravam abastados, plenamente sadios, autossuficientes.

Para Jesus, o importante não era a doença do doente, mas o doente da doença. Não importava o quanto as pessoas estavam doentes, o quanto tinham errado ou estavam deprimidas e angustiadas, e sim até que ponto reconheciam suas próprias misérias emocionais. Os que tinham coragem de admitir que estavam doentes sentiam mais o calor do cuidado do mestre. Já a autossuficiência dos moralistas os impedia de se aquecerem com sua dedicação.

Princípios que ultrapassam o sonho de todo humanista

Ninguém estabeleceu princípios humanísticos e elevou a solidariedade a um nível tão alto como o Mestre dos Mestres da escola da vida.

Nem os filósofos que usaram o mundo das ideias para combater frontalmente as injustiças se preocuparam tanto com a dor humana. Nem o mais generoso dos capitalistas que divide os lucros das suas empresas com seus funcionários e doa parte dos seus bens foi tão longe no respeito às pessoas menos privilegiadas. Nem mesmo os ideólogos marxistas atingiram patamares tão altos em seus devaneios humanísticos.

Jesus criticava contundentemente a falta de humanidade dos fariseus e dos mestres da lei. Opunha-se ao julgamento preconcebido que faziam das pessoas, à arrogância com que as tratavam; sua crítica, porém, longe de ser grosseira, era suave. Ele usava simples e sábias parábolas para incentivá-los a pensar e reciclar os fundamentos de suas existências.

Os fariseus lavavam as mãos antes de comer, mas aceitavam

que o lixo psicológico entulhasse suas vidas. Eram ousados ao apontar o dedo para os erros dos outros, mas tímidos para reconhecer suas próprias fragilidades. Aqueles que não têm coragem de olhar para dentro de si mesmos nunca corrigirão as rotas da própria história.

Um homem na contramão de todos os paradigmas religiosos

A cúpula judaica considerava-se representante de Deus na Terra. Os assuntos de Deus eram a sua especialidade. Conclui-se portanto que, com a chegada de Jesus, todos deveriam estar extasiados, alegres, dispostos a servi-lo e a abandonar seus preconceitos religiosos. Mas como poderiam servir a um Cristo que nascera num estábulo e crescera numa cidade desprezível, fora da esfera dos doutores da lei? Como poderiam ser ensinados por um Cristo que se escondera na pele de um carpinteiro e tinha as mãos ásperas de quem executa um trabalho pesado? Como poderiam amar e se envolver com alguém que era amigo de pecadores, que acolhia as prostitutas e jantava na casa dos malditos coletores de impostos?

No conceito dos fariseus da época, o filho do Altíssimo deveria ter nascido em Jerusalém, em berço de ouro, não poderia se misturar com a plebe nem se envolver com pecadores. Jesus era a antítese de tudo que imaginavam sobre o Cristo. Não podiam se dobrar aos pés de um homem que os combatia dizendo que eles procuravam os primeiros lugares nos jantares e nas sinagogas e faziam longas orações com o objetivo de serem elogiados (*Mateus 23:14*).

Por todos esses motivos, o mestre de Nazaré era drasticamente rejeitado pela cúpula judaica. Ele literalmente atordoava os sacerdotes e todos os partidos de Israel: os fariseus, os saduceus e os herodianos.

Embora, em alguns momentos, os membros da cúpula judaica o admirassem e ficassem confusos com sua sabedoria, eles o consideravam autor da maior heresia que alguém já proferira na face da Terra. Como poderia ser ele o Cristo se combatia os zelosos guardiões da religião judaica, em vez de atacar Tibério e o Império Romano?

Diante de tal blasfêmia, os líderes de Israel decidiram que ele tinha de morrer rapidamente. Por isso seu julgamento foi acelerado. Muitas pessoas que estudam o julgamento de Cristo não têm noção da sequência dos acontecimentos e da rapidez com que se deram.

Os líderes judeus tentaram matá-lo, mas falharam. Agora ele estava famoso demais. A multidão precisava ser surpreendida, e o ônus da sua morte tinha de recair sobre o poder romano. Como fazer isso? Era uma tarefa dificílima. Uma grande revolta popular poderia eclodir. Então Jesus, para surpresa de todos, facilitou o processo. Foi ao jardim do Getsêmani se entregar sem qualquer resistência.

A cúpula judaica desejava matá-lo, mas jamais imaginara que ele também tinha um desejo ardente de morrer. Como veremos, Jesus não fez nada para se livrar daquele julgamento injusto, humilhante e torturante.

Nunca os homens tiveram tanto desejo de matar uma pessoa sem saber que ela mesma estava tão disposta a morrer. Jamais se teve notícia de um homem tão feliz e sociável, que contemplava os lírios dos campos e se apresentava como a fonte do prazer humano, que desejasse enfrentar a mais humilhante e sofrida travessia para a morte! Sem dúvida, Jesus teve a personalidade mais interessante e intrigante da história.

CAPÍTULO 2

O Mestre da Vida paralisa os soldados

Perturbando os soldados

O fracasso das tentativas de prender Jesus não se devia apenas ao assédio da multidão, mas também ao fato de ser ele um réu incomum, capaz de confundir até os soldados incumbidos de prendê-lo. Certa vez, a cúpula judaica enviou um grande número de soldados para aprisioná-lo. Foi durante uma importante festa judaica. No último dia da festa, mesmo sob o risco iminente de ser preso, Jesus levantou-se e mais uma vez deixou estarrecidos todos os seus ouvintes.

Até os soldados ficaram boquiabertos. Maravilhados, não conseguiram prendê-lo. Comentei em *O Mestre dos Mestres* que a psiquiatria, com todo o seu arsenal antidepressivo, trata das depressões e dos demais transtornos emocionais, mas não sabe como tornar o ser humano feliz. No discurso que proferiu, Jesus afirmou em voz alta que poderia gerar um prazer pleno nos que nele cressem, um prazer que fluiria do cerne da alma humana.

A indústria do entretenimento é um dos setores que mais crescem no mundo. Porém, um paradoxo salta aos olhos. Nunca tivemos uma oferta de lazer tão grande e seres humanos tão tristes, propensos ao estresse e a diversas doenças psíquicas. Os picos de prazer não correspondem a uma emoção estável, contemplativa e feliz.

Qual é o termômetro da qualidade de vida no mundo atual? A psiquiatria. Quanto mais importância tiver a psiquiatria nas sociedades modernas, mais os indicadores apontam para uma piora na qualidade de vida. Infelizmente, os consultórios estão cheios. A psiquiatria e a psicologia clínica terão grande importância no terceiro milênio, pois haverá cada vez mais pessoas doentes, gerenciando mal seus pensamentos e não protegendo devidamente suas emoções diante dos estímulos estressantes.

O discurso que Jesus proferiu sobre o prazer pleno contrasta com o alto índice de transtornos emocionais da atualidade. Os soldados se sentiram imobilizados e voltaram de mãos vazias. Os que os enviaram ficaram indignados ao ouvi-los dizer que não o prenderam porque *"nunca alguém falou como esse homem"* (João 7:46).

O choque que os soldados levaram se repetiu mais adiante. A noite da prisão de Jesus foi coroada de acontecimentos surpreendentes. Os soldados ficaram paralisados diante do suposto criminoso. Vamos examinar o que aconteceu.

O traidor e a escolta

O discípulo traidor veio com uma grande escolta que trazia lanternas e tochas, composta de uma "coorte" (*João 18:3*) reunindo cerca de trezentos a seiscentos homens. Era um contingente grande demais para prender um único homem. Mas o fenômeno Jesus justificava essa medida.

Os soldados esperavam pegá-lo desprevenido. Mas foi ele quem os surpreendeu. Antecipando-se aos fatos, Jesus despertou seus discípulos dizendo-lhes que havia chegado o momento de ele ser preso.

Horas antes, na última ceia, o mestre dissera que um dos discípulos iria traí-lo. Não citou o nome, pois não gostava de constranger e expor ninguém publicamente.

Quando Jesus referiu-se ao traidor, Judas teve uma oportunidade de ouro para refletir e se arrepender, mas não conseguia enxergar com os olhos do coração. O mestre teve então uma atitude ousada. Em vez de censurá-lo, disse-lhe para fazer depressa o que tencionava (*João 13:27*).

Traindo seu mestre pelo preço de um escravo, Judas combinou entregá-lo. Tomou a frente da escolta e dirigiu-se ao jardim onde ele estava. Há um detalhe aqui que precisamos compreender. Era de se esperar que o traidor se protegesse atrás dos soldados e apontasse de longe aquele que ele estava traindo. Mas Judas sabia que não correria risco algum se estivesse à frente da escolta, pois conhecia Jesus muito bem. Tal reação é comum ainda hoje. Mesmo aqueles que rejeitam Jesus Cristo, quando dele se aproximam, quando leem suas biografias, percebem que ele não oferece qualquer perigo para suas vidas. O único risco que correm é o de serem contagiados pelo seu amor.

A escolta de soldados não conhecia a amabilidade e a gentileza de Jesus. Sabiam apenas que sua missão era prender aquele que magnetizava as multidões e "perturbava" a nação de Israel.

Já analisei diversos tipos de personalidades, inclusive as de grandes homens da história. Nessas análises pude constatar que até mesmo políticos ilustres, artistas, esportistas ou intelectuais são pessoas comuns e previsíveis.

O mestre de Nazaré era totalmente incomum e imprevisível. Foi capaz de surpreender quando menino, quando adulto, quando livre, quando preso, quando julgado, quando crucificado e até quando seu coração falido bateu pela última vez e seus pulmões castigados emitiram um brado inesperado.

O episódio de sua prisão tem diversos momentos inusitados. Se compararmos os textos dos quatro evangelhos, poderemos verificar que os soldados ficaram extasiados com vários fatores. Os acontecimentos foram tão atordoantes que eles caíram literalmente por terra ao darem voz de prisão a Jesus (*João 18:6*).

Em psicologia, interpretar é a arte de alguém se colocar no lugar de outra pessoa e ver o mundo com os olhos dela, com as variáveis que a envolvem. Embora toda interpretação tenha limites, vamos nos colocar na perspectiva dos soldados para observar as cenas, os gestos de Judas e as palavras de Jesus.

Traído com um beijo

Comentei sobre o beijo de Judas no primeiro livro desta coleção. Ao ler esse trecho, um leitor procurou-me dizendo que aprendera uma grande lição. Contou-me que tinha um inimigo e que frequentemente pensava em matá-lo. Entretanto, ao refletir sobre a atitude de Jesus diante do seu traidor, sensibilizou-se a tal ponto que promoveu uma verdadeira revolução na sua maneira de encarar a vida. Procurou o inimigo, apertou a mão dele e o perdoou. A consequência imediata daquela leitura foi desacelerar seus pensamentos, reciclar suas ideias negativas e desobstruir sua emoção.

Desse modo, o leitor resgatou novamente o prazer de viver. Como eu já disse, a melhor forma de nos vingarmos dos inimigos é perdoando-os, pois assim nos livramos deles.

Apesar de ter comentado o beijo de Judas nesse outro livro, gostaria de retomar brevemente esse episódio e abordá-lo sob a provável ótica daqueles que estavam incumbidos de prender o mestre de Nazaré.

É estranho ser traído com um beijo. Algumas traduções dos evangelhos relatam que Judas o beijou afetuosamente. Os soldados precisavam de uma senha, mas provavelmente não pensaram no seu significado. Só caíram em si depois que o fato ocorreu. Viram Judas beijar afetuosamente aquele que para Israel era considerado o homem mais perigoso. Ficaram pasmados, pois não imaginavam que o agitador da nação fosse tão dócil.

Judas também não tinha consciência do motivo pelo qual escolhera esse sinal para identificar Jesus e consumar sua traição. Se concebesse para a dimensão desse código, talvez retrocedesse. Judas não poderia traí-lo com injúrias nem difamação, pois seu mestre só sabia amar e se doar. Se um dia formos traídos, nossos traidores talvez possam ter argumentos para nos atacar, e usarão uma senha grosseira para nos identificar. Mas o Mestre do Amor era inatacável. Só um beijo seria capaz de identificá-lo.

Tratando com amabilidade o seu traidor

Ninguém imaginava que uma pessoa que estava sendo traída e na iminência de ser presa tivesse a atitude tranquila do Mestre da Vida. Os soldados não entendiam o que estava acontecendo. Esperavam ver a indignação e a revolta de Jesus para com seu traidor, mas presenciaram um beijo, momentos de silêncio e reações de amabilidade. Parecia mais um encontro de amigos. E era.

Jesus ainda considerava Judas seu amigo. Costumamos romper com as pessoas quando as frustrações que nos causam ferem mortalmente nosso encanto por elas. Mas o homem que dava a outra face não tinha inimigos. A atitude do mestre não era a de um pobre coitado, mas a de alguém indescritivelmente forte, alguém que sabia proteger sua emoção e arejar as áreas mais íntimas de seu inconsciente. Jesus encontrou a liberdade jamais sonhada pela psiquiatria.

Com um desprendimento inimaginável, Jesus chamou seu traidor de amigo no ato da traição e deu-lhe mais uma preciosa oportunidade para refazer sua história (*Mateus 26:50*).

Cristo nunca descarregava em ninguém as suas angústias. Momentos antes, sua alma gemia de dor. Minutos antes, seus pulmões respiravam ofegantes, seu coração batia acelerado, os sintomas psicossomáticos agrediam seu corpo, e o suor sanguinolento testemunhava que ele atingira o topo do estresse. Tinha, portanto, todos os motivos para descarregar sua tensão em Judas, mas foi de uma gentileza poética com ele.

Ao contrário de Jesus, frequentemente descarregamos nossas tensões nas pessoas menos culpadas por nossa ansiedade. Quando nossa frágil paciência se esgota, ferimos aqueles que mais amamos.

A história registrou um momento raro no ato da traição de Judas: uma cena de terror se transformou numa cena de amor. Os soldados não entenderam o que estava acontecendo.

Insistindo para ser preso

Outro fato quase inacreditável que abalou os soldados foi a insistência de Jesus em ser preso. Eles sabiam que uma voz de prisão gera tumulto e ansiedade. O réu resiste em se entregar, fica tenso, agressivo e, às vezes, incontrolável. Não conseguiam entender por que o homem odiado pela cúpula judaica se entregava de forma tão tranquila e espontânea.

Depois de chamar Judas de amigo, procurando levá-lo a refletir sobre o ato de traição, Jesus se voltou para os soldados e, antes que o tocassem, perguntou: *"A quem buscais?"* Responderam: *"A Jesus, o Nazareno."* Diante dessa resposta, ele se identificou: *"Sou eu"* (*João 18:5*).

Sua atitude deixou os soldados atemorizados, e alguns caíram no chão. Talvez se perguntassem: "Como é possível que o homem que curou cegos, ressuscitou mortos e debateu com os fariseus nas sinagogas esteja se entregando voluntariamente?" e "Como pode alguém sob risco de morte se entregar dessa maneira?". Prender aquele que agitava Jerusalém, o que parecia uma missão difícil e perigosa, transformou-se na mais suave tarefa.

Os soldados ficaram paralisados. Não conseguiram pôr as

mãos nele. Diante daquela inércia, Jesus insistiu: "*A quem procurais?*" Responderam novamente: "*A Jesus, o Nazareno.*" Com a ousadia de quem não teme a morte, ele respondeu: "*Já vos declarei que sou eu*" (*João 18:8*).

O relato dos discípulos que presenciaram a cena evidencia que os papéis foram trocados. A escolta de soldados estava presa pelo medo, e o prisioneiro, livre.

À exceção da profunda angústia que o Mestre dos Mestres experimentou no jardim do Getsêmani ao reproduzir na sua mente o cálice da cruz e se preparar para tomá-lo, nada o abalava. O mestre de Nazaré gerenciava sua inteligência nas mais turbulentas situações e navegava serenamente nas águas mais agitadas da emoção. Sabia se refazer logo, mesmo quando estava profundamente frustrado.

A traição de Judas e a negação de Pedro podem tê-lo angustiado, mas ele logo se recompôs. Nem o conhecimento prévio de todas as etapas do seu martírio o fez sucumbir ao medo. Muitas pessoas sofrem por antecipação. Imaginam problemas que não aconteceram e se angustiam como se já tivessem acontecido. Não sabem administrar sua ansiedade e seus pensamentos antecipatórios.

Nada é tão belo e ao mesmo tempo tão ingênuo quanto a emoção. Até intelectuais tropeçam no território da emoção como se fossem crianças. Pequenas coisas são capazes de roubar-lhes a tranquilidade. A emoção paga um alto preço por todos os pensamentos negativos, mesmo aqueles que só cabem no imaginário.

Infelizes são aqueles que, apesar de aparentemente livres, estão presos no cárcere da emoção, conduzidos pelo medo da crítica, dominados pela obsessiva necessidade de ter uma imagem social inatacável e por preocupações excessivas com os problemas da vida. Infelizmente, no lugar em que mais deveríamos ser livres, muitas vezes estamos aprisionados.*

---

* Cury, Augusto J. *A pior prisão do mundo*. São Paulo: Academia de Inteligência, 2000.

O Mestre da Vida queria passar pelo maior de todos os testes: ser julgado pelos líderes da religião judaica, aqueles que supostamente cuidavam dos assuntos de Deus, e por aqueles que dominavam o mundo – o Império Romano.

Protegendo seus discípulos

Não terminaram aí os eventos inusitados ocorridos no jardim do Getsêmani. Após insistir com os soldados para prendê-lo, Jesus teve um gesto de grande nobreza e afetividade. Intercedeu por seus discípulos. Pediu que não os prendessem. Desejava que nenhum deles se perdesse, não aceitava que ninguém fosse ferido (*João 18:8*).

Quando estamos correndo um sério risco de morte, os instintos prevalecem sobre a capacidade de pensar. Não há espaço para refletir sobre a situação que nos ameaça. Sob grande tensão, como nos acidentes, não nos lembramos das pessoas nem de tudo o que ocorre ao nosso redor. Estreitamos a razão e direcionamos nossos instintos para a fuga ou, em alguns casos, para a luta.

Com Jesus isso não acontecia. Ele era capaz de perceber os sentimentos das pessoas mesmo nas situações mais difíceis. Conseguia pensar no bem-estar delas apesar de saber que iria morrer lentamente nas mãos dos seus inimigos. Se tivéssemos um pouco da sua estrutura emocional, as relações humanas deixariam de ser um deserto e se transformariam num jardim.

Somente uma pessoa que vive absolutamente serena é capaz de não travar sua mente nas situações tensas e de se preocupar com as pessoas que a rodeiam. Os soldados certamente não acreditavam no que estava acontecendo. Alguns devem ter sido conquistados pelo amor de Cristo e provavelmente se tornaram seus seguidores após a sua morte.

O heroísmo de Pedro e a proteção aos soldados

Os discípulos não entendiam muito bem aquele homem que seguiam. Sabiam que ele era poderoso, sábio, seguro, corajoso, que se colocava como filho de Deus e que falava sobre um reino de um outro mundo. Tudo era novo para eles. Sabiam que se tratava de um homem que realizava feitos inimagináveis, mas não tinham compreendido até aquele momento quem ele era e qual a sua verdadeira missão.

Pedro aprendera a amar Jesus e não aceitava a sua partida. Não percebeu que, ao ser preso, o mestre assumia plenamente a condição humana e não faria mais nenhum dos seus milagres. Jesus sempre deixava confusos aqueles que passavam por ele. Seus discípulos viviam perguntando quem ele era. Algumas vezes mostrava um poder que deixava todos embasbacados; outras vezes dormia ao relento e gastava seu tempo ouvindo a história de uma pessoa da pior estirpe social.

Por amar Jesus, mas não o conhecendo em profundidade, Pedro resolveu protegê-lo. Tomou uma atitude heroica que poderia ter causado inúmeras mortes, tanto de soldados como de discípulos. Numa reação impensada, desconsiderou as longas mensagens de tolerância do seu mestre, desembainhou a espada e decepou a orelha de um dos soldados (*João 18:10*). Pedro esperava que Jesus fizesse um milagre capaz de livrá-lo da prisão, deixando todos perplexos.

Jesus não queria fazer milagres para aplacar os ânimos. Mas, diante do ocorrido, abriu uma exceção e retomou seu poder. Mais que depressa, curou o soldado. Não fez um grande milagre, apenas o suficiente para pacificar a situação. Um grande ato sobrenatural poderia ter evitado sua prisão, mas Jesus queria ser preso, pois sua hora havia chegado.

Essa situação tumultuada mostrou a sabedoria e a habilidade do mestre de Nazaré. Se não agisse rápido, seus discípulos poderiam morrer, e os soldados, ferir-se. Como Mestre da Vida, Jesus não queria nem uma coisa nem outra. Somente uma pessoa com grande lucidez e uma visão multifocal dos conflitos sociais é capaz de debelar rapidamente um clima de violência.

Era o prisioneiro quem liderava os soldados. Mais de trezentos homens fortemente armados não revidaram a agressividade de Pedro. Comandados por Jesus, eles contiveram seus impulsos. Raramente uma pessoa é capaz de deixar completamente de lado sua segurança para gerenciar os ânimos alheios.

Morrer era seu destino: o cálice

Após induzir os soldados, Jesus se volta para Pedro e ainda lhe dá mais uma lição. Diz-lhe uma frase enigmática que o discípulo só entenderia tempos mais tarde: *"Deixarei eu de beber o cálice que meu Pai me deu?"* (João 18:11).

O cálice de Cristo era cercado de mistério. Os discípulos não entendiam que ele seria julgado e morto pelos homens e que isso estava nos planos de seu Pai. Que Pai é esse que reserva o caos para o seu filho? Que plano é esse que envolve um julgamento e morte tão drástica? No final deste livro, falaremos sobre o maior e mais ambicioso plano da história.

Por mais que os discípulos abrissem seus ouvidos e as janelas de suas mentes, não concebiam a ideia de que seu mestre fosse julgado, torturado e morto por seus opositores. Jesus havia dado sentido à vida deles.

O sentimento angustiante pela perda do mestre tinha fundamento. Não importa se a pessoa tem ou não uma religião, ou qual seja ela. Todos os que se aproximaram de Jesus Cristo, seja por terem estado na sua presença ou por conhecê-lo através dos evangelhos, conseguiram atravessar seus invernos existenciais mais fortalecidos e confortados pela esperança. Na história, mesmo séculos depois de sua partida, sempre existiram pessoas originárias de todas as raças e culturas dispostas a dar a vida por ele.

Pedro era muito frágil perto de Cristo, não tinha nenhuma condição de protegê-lo, ainda mais diante de tão grande escolta. Sua reação, embora irracional, era justificada. Para os discípulos, perder o mestre significava voltar a lançar as redes no mar da Galileia e retroceder na compreensão dos mistérios da vida.

O amor recusa a solidão. Quem ama não aceita a perda, ainda que o tempo alivie parcialmente a dor da ausência. Quem não aprendeu a amar a própria vida, as pessoas mais próximas e aquilo que faz não entenderá a linguagem estranha e bela do amor. O mestre ensinou aos seus frágeis discípulos os fundamentos dessa linguagem. Perdê-lo era ficar sem o leme de suas vidas.

CAPÍTULO 3

O poderoso e dócil: um exímio psicoterapeuta

Um poder descomunal

Os eventos enigmáticos que envolveram a prisão de Jesus foram muitos. E o mais misterioso deles ainda estava por vir. Após revelar que tinha de ser preso, o mestre disse a Pedro que não precisava de sua proteção. Numa frase intrigante contou aos discípulos um segredo que eles não conheciam. Disse: *"Acaso pensas que não posso rogar ao meu Pai, e ele me mandaria neste momento mais de doze legiões de anjos?"* (*Mateus 26:53*).

Afirmou, sem meias palavras, que, se quisesse, poderia ter imediatamente sob seu controle mais de doze legiões de anjos. No Exército romano cada legião tinha cerca de três a seis mil soldados. Quantos anjos comporiam cada legião mencionada por Cristo, e que poder teriam para atuar no mundo físico? Ele era de fato misterioso.

Quando interpretamos a personalidade de alguém, devemos prestar atenção naquilo a que as pessoas dão pouco valor. A frase de Jesus tem várias implicações.

Ela indica que o mestre possuía um poder descomunal, um poder muito maior do que demonstrara ter e muito maior do que os discípulos poderiam desconfiar. Também indica que ele atuava num mundo não físico e que, se quisesse, poderia controlar um exército de anjos. Se desejasse, poderia acabar a qualquer instante com seu julgamento, as sessões de tortura e a crucificação.

No original grego, Jesus usa nessa passagem termos militares para demonstrar seu poder. Nenhum mortal seria capaz de proferir uma frase como essa com tanta convicção, a não ser que estivesse delirando ou tendo um surto psicótico. Jesus estaria delirando?

Como poderia alguém tão lúcido, coerente, inteligente, capaz de superar as intempéries como um maestro da vida, estar tendo um surto psicótico? Cristo em momento algum abandonou sua lucidez. Veremos no próximo livro algo que beira o impossível. Mesmo morrendo, quando todas as suas forças se esgotavam, ele continuava íntimo da sabedoria e capaz de golpes impensáveis de inteligência.

Era tão sereno que, como vimos, dois ou três minutos antes de falar de seu poder, teve gestos que nem os mais ilustres pensadores seriam capazes de demonstrar num foco de tensão como aquele. Chamou seu traidor de amigo e deu-lhe a oportunidade de corrigir os pilares de sua vida.

Esse homem tão lúcido que acabara de receber voz de prisão disse que tinha sob seu controle exércitos incomparavelmente mais fortes do que os do imperador romano. Ao mesmo tempo, afirmou que não iria usá-los. Quem poderia compreendê-lo? Não perdemos qualquer oportunidade de mostrar nosso poder. Jesus, ao contrário, aproveitava as oportunidades para ocultá-lo.

Cristo falou dos anjos de forma segura e natural. Não disse que acreditava em anjos, mas que legiões de anjos se submetiam a ele. É pouco confiável o misticismo que desrespeita a capacidade de pensar e a consciência crítica. Temos tendência a crer em tudo, mesmo desrespeitando nossa própria inteligência.

O Mestre dos Mestres sempre valorizou a inteligência humana e estimulou seus discípulos a alargar os horizontes do pensamento, e não restringi-los.

Devemos então nos perguntar: quem são esses seres chamados anjos? Eles possuem consciência? Têm vontade própria? Vivem emoções? Como leem a memória e constroem cadeias de pensamentos? Quando foram criados? Por que foram criados? Onde habitam? Que essência os constitui? São imortais? Qual é o seu poder e que habilidade têm para atuar no mundo físico?

Não quero entrar nessa seara, mas essas questões evidenciam que os fenômenos que envolveram a história de Jesus eram um poço de mistérios. Nenhum estudioso de sua personalidade pode reclamar de tédio. Cada reação dele nos surpreende.

Após corrigir Pedro, Jesus se volta para os soldados e com segurança comenta que não estava sendo preso como um criminoso. Diz que se encontrava sempre à disposição, no templo e em tantos outros lugares públicos (*Mateus 26:55*). Afirmou, assim, saber que seus inimigos o procuravam, que não tinha medo de ser preso e que não ofereceria resistência no ato da prisão.

No momento em que mais precisava usar a força, ele usou o diálogo. É impossível não nos perguntarmos: quem é esse homem que atravessou as páginas da história e fez tudo ao contrário do que temos feito?

Um exímio psicoterapeuta

Quando Jesus se entregou e foi manietado, os discípulos perceberam o inevitável. Seu mestre de fato viveria o martírio sobre o qual sempre os alertara. Nada o faria desistir do seu destino, "nem os exércitos dos céus" que afirmou ter sob seu comando. Então eles se dispersaram amedrontados e confusos como ovelhas sem pastor. Exatamente como Jesus havia predito.

Precisamos fazer algumas considerações importantes a esse

respeito. Como Jesus conseguiu prever a dispersão dos discípulos? Como homem, ele analisava o comportamento das pessoas e percebia suas dificuldades em lidar com as próprias emoções nos momentos de maior tensão. Sabia que quando o mar da emoção está calmo os seres humanos são bons navegantes, mas, quando está agitado, perdem o controle das suas reações. De fato, não há gigantes no território da emoção. Pessoas sensatas e lúcidas têm seus limites. Sob um foco de tensão, muitas perdem o controle. Algumas são seguras e articuladas quando nada as contraria, mas sob o calor da ansiedade se comportam como crianças.

O Mestre da Vida era um excelente psicólogo. Sabia que o medo controlaria o território de leitura da memória dos seus discípulos, dissipando a lucidez e travando a capacidade de pensar. Não exigiu nada deles quando foi preso, apenas previu que, quando o medo os envolvesse, eles se esqueceriam dele e fugiriam, inseguros.

Nós cobramos o que as pessoas não podem nos dar. Quase todos os dias tenho longas conversas com maridos, esposas, pais, filhos, e peço-lhes para serem tolerantes, não conservarem mágoas nem raiva uns dos outros, explicando que não é possível dar o que não se tem. É necessário plantar para depois colher. Plantar diariamente a segurança, a solidariedade, a honestidade, a perseverança, a alegria nos pequenos detalhes da vida, a capacidade de expor e não impor as próprias ideias, para muito tempo depois colher essas funções nobres da inteligência.

Se esperasse muito dos seus discípulos, Jesus se frustraria excessivamente com o abandono deles, com a traição de Judas e a negação de Pedro. Entretanto, educava-os sem contar com resultados imediatos.

Quem quer ser um bom educador tem de ter a paciência de um agricultor. Se quisermos viver dias felizes, não devemos esperar resultados imediatos.

Quando educamos nossos filhos com todo o carinho e eles

nos frustram com seus comportamentos, temos a impressão de que nossos ensinamentos foram como sementes lançadas em terra árida. Mas sutilmente, sem percebermos, essas sementes um dia eclodem, criam raízes, crescem e se tornam belas características de personalidade.

O Mestre da Vida aceitava os limites das pessoas, por isso amava muito e exigia pouco, ensinava muito e cobrava pouco. Esperava que o amor e a arte de pensar pouco a pouco florescessem no terreno da inteligência. Por dar muito e exigir pouco, ele protegia sua emoção, não se decepcionava quando as pessoas o frustravam nem as sufocava com sentimentos de culpa e incapacidade.

Por que predisse que os discípulos o abandonariam no momento mais angustiante de sua vida? Para protegê-los contra os sentimentos de culpa, de incapacidade, de autodesvalorização que surgiriam ao refletirem sobre suas fragilidades. Ele não apenas se preocupava com o bem-estar físico dos discípulos como esperava que eles não desistissem de si mesmos quando fracassassem.

Tal comportamento evidencia a face de Jesus como psicoterapeuta. Ele não era apenas um mestre, um médico, um amigo, um educador e um comunicador do mais alto nível, mas também um excelente psicoterapeuta. Conseguia prever as emoções mais sutis e angustiantes dos seus discípulos antes de elas surgirem e dava-lhes subsídios para que as superassem.

Quantos se suicidam como Judas por estarem decepcionados consigo mesmos? Quantos, diante dos seus erros, se envergonham e retrocedem em sua caminhada? Quantos não se deixam esmagar por sentimentos de culpa e vivenciam crises depressivas diante de suas falhas? Jesus sabia que o ser humano é o pior carrasco de si mesmo. Por isso, estava sempre querendo tornar leve o fardo da vida, libertar a emoção do cárcere.

Nenhum daqueles que acompanhavam o mestre de Nazaré vivia se martirizando. Até uma prostituta sentia-se aliviada ao seu lado. Alguns derramavam lágrimas por ele tratá-los com tanto amor, por lhes dar continuamente uma oportunidade. Será que as pessoas se sentem menos tensas ao nosso redor? Será que lhes damos condições para que abram suas almas e nos contem seus problemas? Não poucas vezes, ao ver as pessoas fracassarem, nós as criticamos em vez de ajudá-las a se levantar.

O mais excelente mestre da emoção sabia que seus discípulos o amavam, mas ainda não tinham estrutura para vencer o medo, o fracasso, as perdas. Previu que eles o abandonariam e que isso serviria para que se conhecessem melhor e compreendessem suas limitações, para que fossem fortes após as derrotas.

O comportamento de Jesus mais uma vez concilia características quase que irreconciliáveis. Ele demonstrou ter um poder incompreensível, capaz de arregimentar exércitos de anjos. O que se pode esperar de uma pessoa tão forte? Autoridade, julgamento, rigidez, imposição de normas, crítica contundente. Todavia, eis que encontramos nele afetividade, tolerância, compreensão das falhas, gentileza e ausência de cobranças.

É horrível conviver com uma pessoa disciplinadora que deseja que todos vejam o mundo apenas através de seus olhos. Mas é bom conviver com alguém maleável, capaz de enxergar com os olhos dos outros.

A personalidade de Jesus é encantadora. Dificilmente encontraremos alguém que, no topo do poder, desceu para perscrutar os sentimentos mais ocultos do ser humano. Quem quisesse ser discípulo de Jesus jamais poderia considerar-se pronto, mas também nunca iria desistir de si mesmo.

O Mestre da Vida não procurava gigantes nem heróis, mas pessoas que tivessem a coragem de levantar-se após cair, de retomar o caminho após fracassar.

Perdoando-os antes do fracasso

Raramente prestamos atenção nos detalhes que norteiam o comportamento de Jesus Cristo. Seu cuidado afetuoso era fascinante. Ele já estava perdoando os discípulos antes mesmo de fracassarem.

Quem é que, abandonado, é capaz de ter ânimo para cuidar daqueles que o abandonaram? Uma ofensa causada por um filho, uma frustração gerada por um amigo ou um colega de trabalho nos irritam, e a consequência imediata é a impaciência. Quantas vezes afirmamos: "Esse aí não tem jeito mesmo!"

Certa vez, o mestre disse aos seus discípulos que se uma pessoa errasse e viesse pedir-lhes perdão, eles deveriam perdoá-la. Se ela errasse sete vezes e sete vezes pedisse perdão, sete vezes deveria ser perdoada. Em outra ocasião afirmou que deveríamos perdoar as pessoas setenta vezes sete vezes. Na verdade, queria dizer que devemos perdoar sempre, continuamente, ainda que a pessoa que errou seja a mais teimosa e obstinada do mundo.

Jesus, o mais dócil psicólogo infantil, ensina os pais a ter paciência na educação dos filhos, ainda que estes cometam duas ou três vezes o mesmo erro num mesmo dia. Como é possível ter a paciência e a tolerância que ele preconizava? Se o foco de nossa atenção forem os erros das pessoas, perderemos a calma diante da repetição de seu comportamento inadequado. Mas se o nosso foco de atenção forem as pessoas e não os seus erros, começaremos a mudar nossa atitude. Seremos sempre capazes de dar-lhes uma nova chance.

E se aprendermos com o Mestre dos Mestres a nos doar sem esperar retorno, daremos um salto ainda maior, pois estaremos protegendo nossas emoções. Aprenderemos a ter uma felicidade que não depende muito das circunstâncias externas. A felicidade de Jesus, que emanava de dentro para fora, pouco dependia dos resultados externos.

Não devemos pensar que a postura de Jesus como educador

era passiva. Ao contrário, era revolucionária. Todos os que observavam sua calma, sua inteligência fenomenal, sua segurança e sua capacidade de nunca perder a esperança nas pessoas começavam a mudar completamente seu modo de ver a vida. Assim, ainda que errassem muito, o convívio com o mestre ia transformando e reciclando sua rigidez, seu orgulho, sua agressividade. Os discípulos jamais se esqueceram das lições preciosas que ele lhes deu. Jesus Cristo morreria, mas se tornaria um Mestre Inesquecível.

Os discípulos foram temporariamente derrotados pelo medo. Pedro, Tiago, João, Bartolomeu, Filipe, Tomé, Mateus, enfim, todos os seus amados amigos fugiram. Ele foi preso, ficou só. Embora não amasse a solidão, não quis companhia, pediu aos soldados que deixassem seus amigos partir.

O mundo iria então assistir a uma noite de terror e ao mais injusto dos julgamentos. Um julgamento regado a ódio, escárnio e tortura. Jesus foi preso em plena condição de saúde. Contudo, ficamos estarrecidos ao pensar na violência e nos maus-tratos que ele sofreu. Em menos de doze horas, seus inimigos destruíram seu corpo antes de crucificá-lo.

O mestre do perdão foi tratado sem nenhuma tolerância. Nunca alguém que se preocupou tanto com a dor humana foi tratado de maneira tão impiedosa.

CAPÍTULO 4

Rejeitado e torturado
na casa de Anás

A sequência dos eventos no julgamento de Jesus

Antes de entrar no dramático julgamento vivido por Jesus, quero tecer alguns comentários sobre como, quando e por que os evangelhos foram escritos.

Jesus esteve cerca de três anos e meio ao lado dos discípulos. Frequentemente há um intervalo de semanas ou meses entre as passagens descritas nos evangelhos.

A maior parte de suas palavras e seus comportamentos não foi registrada. Apenas alguns eventos que causaram maior impacto nos discípulos estão presentes nos quatro evangelhos que podem ser considerados biografias sintéticas.

O único momento da vida de Jesus relatado em todos os detalhes, hora a hora, foi o de seu julgamento e sua crucificação. Entre sua prisão e a crucificação passaram-se menos de doze horas, e da crucificação à morte, cerca de seis horas. Apesar do curto período, os relatos desses momentos são cruciais. Foram, sem dúvida, as mais longas e importantes descrições de um único período de sua vida. Segundo suas próprias palavras, ele veio para essa hora e esperava ansiosamente por ela (*João 12:27*).

A decisão de registrar o que o Mestre dos Mestres viveu não foi tomada durante o período em que os discípulos estiveram ao lado dele, nem logo após a sua morte. Demorou muitos anos. O mais antigo evangelho, o de Marcos, foi provavelmente escrito entre 50 e 60 d.C., portanto, mais de 20 anos depois. O evangelho de Lucas foi provavelmente escrito no ano 60 d.C., o de Mateus entre 60 e 70 d.C. O evangelho de João foi o mais tardio, escrito provavelmente entre 85 e 90 d.C., portanto, mais de meio século depois da morte do mestre.

Por ter sido escrito um longo tempo após a morte de Jesus, o relato de certas passagens naturalmente perdeu alguns detalhes ou deu ênfase a certos fatos. Por esse motivo, existem algumas pequenas diferenças nas mesmas passagens descritas nos evangelhos, como é o caso do julgamento de Jesus Cristo: quatro evangelhos o relatam, mas cada qual em suas dimensões e com seus próprios detalhes.

Essas diferenças atestam que Jesus foi um personagem histórico real, como demonstrei nos livros anteriores. Seria impossível para a mente humana criar um personagem como ele.

O que motivou os discípulos a escreverem sobre Jesus Cristo em diferentes épocas foi a intensa história de amor que viveram com ele. O Mestre da Vida foge completamente ao que se poderia esperar de um homem tão forte e inteligente. O carpinteiro de Nazaré tocou a emoção de milhares de homens e mulheres.

Durante as primeiras décadas desta era não havia nada escrito sobre Jesus Cristo. Como, então, as pessoas que não o conheceram eram nutridas por seus ensinamentos? Pelos relatos vivos daqueles que conviveram estreitamente com ele, principalmente os discípulos.

Os discípulos deviam gastar horas e horas conversando sobre cada palavra, cada gesto, cada pensamento de Jesus. Provavelmente tinham a voz embargada e algumas vezes derramavam lágrimas ao recordá-lo. Os pescadores da Galileia, que outrora cheiravam a peixe, agora exalavam uma doce fragrância de amor.

A organização dos livros chamados evangelhos

O material que os discípulos usaram para escrever os evangelhos foi organizado por meio de pesquisas e anotações detalhadas. É o caso de Lucas, que não conheceu Jesus, mas, como ele mesmo disse, investigou minuciosamente os fatos relacionados à sua vida (*Lucas 1:3*).

Os evangelhos têm uma síntese, uma lógica, uma coerência que impressionam os pesquisadores. Todas as pessoas, até cientistas, deveriam lê-los, mesmo que não tenham interesse no cristianismo. A leitura desses livros abre as janelas de nossa mente, nos induz a um profundo processo reflexivo e, no mínimo, nos faz crescer em sabedoria.

Muitos creem que os evangelhos foram escritos sob inspiração divina. A inspiração divina entra na esfera da fé, e sua investigação extrapola o objetivo deste livro. Independentemente da inspiração divina, os escritores dos evangelhos se valeram de uma investigação detalhada para elaborar seus textos. Por isso, eles não se copiam uns aos outros, e os quatro se completam. Uns descrevem de forma sucinta algumas passagens, outros detalham melhor certas situações.

Esse fato fica particularmente claro no julgamento de Jesus. Somente Lucas relata que Jesus passou pelas mãos de Herodes Antipas, o filho de Herodes, o Grande, o rei que queria matá-lo quando tinha dois anos de idade. Entretanto, o registro mais detalhado do julgamento de Jesus na casa de Caifás, o sumo sacerdote, encontra-se no evangelho de Mateus. Por outro lado, Mateus não fornece maiores explicações sobre o que aconteceu com Jesus diante de Pilatos. Ele encerra a passagem dizendo que o mestre foi açoitado por ordem de Pilatos, em seguida condenado e, imediatamente, tomou a cruz e foi em direção ao Gólgota. Todavia, ocorreram fatos importantíssimos depois dos açoites.

Se lermos apenas Mateus, compreenderemos o julgamento feito pelo sinédrio, composto pelos líderes da religião judaica, mas saberemos pouco sobre o julgamento realizado pela lei romana. Precisamos ler o livro de João para conhecê-lo. O evangelho de João narra determinados fatos e alguns diálogos entre Jesus e Pilatos que não foram registrados pelos outros autores. Relata, por exemplo, que depois dos açoites Jesus ainda passou por outros sofrimentos, foi coroado com espinhos, zombado pela coorte de soldados e voltou a ter um diálogo particular com Pilatos.

Muitos soldados que presenciaram essas cenas se tornaram discípulos de Jesus após sua morte. Alguns carrascos foram contagiados pelo seu amor. Eles deram seus testemunhos aos escritores dos evangelhos sobre o drama que Jesus viveu em seu julgamento, e a violência com que foi tratado. Alguns fariseus que o amavam secretamente também contribuíram para esses relatos.

Acompanharemos, a partir de agora, o mais misterioso e amável dos homens no momento em que sofre o mais violento e desumano julgamento. Dessa história de dor vivida pelo Mestre da Vida poderemos extrair profundas lições para reescrever alguns capítulos fundamentais de nossa própria história.

Jesus foi interrogado, julgado e torturado por quatro pessoas: Anás, Caifás, Pilatos e Herodes.

Interrogado por Anás

Após ser preso, a primeira casa para a qual os soldados levaram Jesus foi a de Anás. Este já havia sido sumo sacerdote, o posto máximo na hierarquia da religião judaica. No ano em que Jesus foi julgado, o sumo sacerdote era o genro de Anás, Caifás.

Como vimos, Jesus havia se tornado irremediavelmente famoso. Apesar disso, ele se entregara de forma tão súbita que ninguém sabia de sua prisão, a não ser os discípulos.

Anás estava tenso, tinha medo de que, ao despertar, a multidão reagisse ao saber que Jesus estava encarcerado. Então, assim que Jesus chegou, começou a interrogá-lo sobre seus discípulos e sua doutrina (*Mateus 26:57*). Não queria de fato interrogá-lo, apenas encontrar motivos para que fosse condenado à morte.

O mestre sabia que ali se iniciara uma das etapas do seu falso julgamento. Sabia que Anás não estava interessado em conhecer seu pensamento, seu propósito.

O clima era perturbador. Um grupo numeroso composto por soldados e serviçais rodeava Jesus. Queriam ver como ele reagiria longe das multidões que o assediavam. Talvez quisessem vê-lo pela primeira vez tímido, tenso, amedrontado. Contudo, aquele homem parecia inabalável. Diferentemente de nós, ele não se curvava ao medo.

Diante da pressão de Anás para que falasse, Jesus dá uma resposta que soa desafiante no ambiente ameaçador. Diz: "*Eu falei abertamente ao mundo, eu sempre ensinei nas sinagogas e no templo, onde todos os judeus se reúnem, e nada disse em segredo*" (*João 18:20*). Sua resposta não termina assim. Respaldado por uma sólida autoconfiança, ele fita Anás e os soldados que o rodeiam e, sem nenhuma sombra de medo, acrescenta: "*Por que me interrogas? Pergunta aos que ouviram o que lhes ensinei. Eles bem sabem o que eu disse.*"

Essa resposta, que é a primeira em seu julgamento, tem várias implicações que merecem ser analisadas.

Falando francamente ao mundo

Jesus afirma, sem titubear, que tinha falado abertamente ao mundo. Ninguém foi tão franco como ele. Não tinha medo de afirmar aquilo que pensava e nunca fingia. Em determinadas situações, sua integridade estava ameaçada, e o melhor que poderia fazer para se proteger era calar-se. Mas, mesmo sob o risco de ser agredido por seus opositores, ele se pronunciava.

Sua coragem mudou a história. Pronunciou palavras que não apenas abalaram o mundo em sua época, mas ainda nos deixam fascinados e pasmados nos dias de hoje. Discorreu sobre pontos jamais discursados, abordou assuntos nunca antes pensados pela psicologia, filosofia, educação ou religião.

Interrogando o seu interrogador

É próprio de um réu ficar quieto, intimidado e ansioso diante de um tribunal. O mais violento dos homens é capaz de comportar-se como uma criança quando lhe retiram o poder. Alguns, por intermédio de seus advogados, pedem clemência e negam as acusações que lhes fazem.

Jesus estava lá sem nenhum advogado. Não precisava, pois sua inteligência era imbatível. Já saíra de situações mais dramáticas. Com habilidade magistral, abrira as janelas da mente dos seus opositores instigando a inteligência deles. Confusos, eles o deixavam e retornavam para suas casas.

Agora, Jesus se deixara prender e estava sendo julgado. Todos queriam a sua morte e, por incrível que pareça, ele também a desejava. Os acusadores queriam matá-lo para anular a vida, enquanto ele queria morrer para dar a vida. Em seu julgamento, não lutou em seu próprio favor; entregou-se integralmente à decisão humana.

O Mestre da Vida expôs cerca de vinte pensamentos nesse julgamento, todos com significados inimagináveis, mas nenhum com o objetivo de libertar-se. Ao contrário, tais pensamentos colocaram mais lenha na fogueira do ódio que seus inimigos nutriam por ele. Mas Jesus não se importou. Revelou claramente sua identidade e sua missão, ainda que com poucas palavras.

Quando estava livre, evitou dizer quem era; ao ser preso e ameaçado, não se intimidou. Ao contrário, fez relatos espetaculares sobre sua pessoa, principalmente a Anás e a Pilatos.

Não pediu clemência. Disse que todos os seus pronunciamentos tinham sido feitos publicamente e que quem quisesse resposta deveria interrogar os que o ouviram. Com tal afirmação, ousada e incomum para um réu, mostrou claramente que sabia que seu julgamento era um teatro, que naquele momento ninguém estava interessado de fato no seu discurso, porque todos já o conheciam. Portanto, se queriam matá-lo por aquilo que ele tinha falado, ele também estava disposto a morrer por essa causa.

Esbofeteado com violência por um soldado

Os soldados que estavam presentes sabiam que os líderes judeus por diversas vezes haviam tramado a morte de Jesus, sem sucesso. Uma parte dos soldados se sentia confusa, pois admirava-o, mas não tinha força para protegê-lo. Outra parte, provavelmente a maior, estava totalmente influenciada pelos líderes de sua nação. Manipulados por estes, passaram também a odiá-lo, ainda que não soubessem claramente os motivos.

Quando Jesus não respondeu a Anás e lhe recomendou que perguntasse a milhares de judeus o que ele havia dito publicamente, o clima de violência contra ele veio à tona. Imediatamente, um soldado vira-se e desfere-lhe uma violenta bofetada. O golpe deve ter-lhe causado vertigem e edema na face.

A propósito dessa agressão, gostaria de analisar três brilhantes características da personalidade de Jesus que ele demonstrou ao receber esse primeiro golpe físico que iriam regular seu comportamento durante todas as torturas que sofreu. Primeiro, ele pensava antes de reagir; segundo, nunca devolvia a agressão que lhe faziam; terceiro, era capaz de estimular seus agressores a penetrarem dentro de si mesmos e repensarem sua violência. A maneira como reagiu foge completamente ao padrão de nossas reações ante situações de risco e de dor, sejam físicas ou psicológicas.

Para expor essas três características, precisamos compreender alguns fenômenos que constroem os pensamentos e integram o funcionamento da mente.*

O gatilho da memória

O gatilho da memória é um fenômeno inconsciente que faz as leituras imediatas da memória mediante um determinado estímulo. O medo súbito, as respostas impensadas, as reações imediatas são derivados do gatilho da memória. Diante de uma ofensa, um corte na mão, uma freada brusca ou uma situação de risco qualquer, esse gatilho é acionado, gerando uma leitura rapidíssima da memória e produzindo as primeiras cadeias de pensamentos e as primeiras reações emocionais.

Somente depois de segundos ou uma fração de segundo é que o "eu" (vontade consciente) inicia seu trabalho para administrar o medo, a ansiedade e a angústia que invadiram o território da emoção. Isso explica por que é difícil administrar as reações psíquicas. Grande parte de nossas reações iniciais não é determinada pelo "eu", mas detonada pelo gatilho inconsciente da memória.

Uma pessoa agredida, ofendida, sob risco de morrer, ou seja, sob um foco de tensão, raramente conseguirá administrar seus pensamentos. Nessas situações, ela reage sem pensar. Para retomar as rédeas de sua inteligência, o "eu" terá de gerenciar os pensamentos negativos, duvidando deles e criticando-os. Assim, a pessoa sai do foco de tensão e se torna líder do seu mundo. Todavia, frequentemente somos frágeis vítimas dos processos de nossa psique.

---

* Cury, Augusto J. *Inteligência multifocal*. São Paulo: Cultrix, 1998.

Quem é que pensa antes de reagir em situações tensas? Não exija lucidez das pessoas quando elas são feridas, ameaçadas ou estão ansiosas. Seja paciente com elas, pois o gatilho da memória estará gerando medo, raiva, ódio, desespero, que, por sua vez, travam a liberdade de pensar. Quando nossas emoções estão exaltadas, reagimos por instinto, e não como seres pensantes.

Jesus foi ofendido diversas vezes em público. Mas não se deixava perturbar. Em algumas situações, foi expulso das sinagogas, mas mantinha sua emoção intacta. Correu risco de morte em algumas ocasiões, mas permaneceu livre, em vez de tenso. A mesma coragem que o movia para falar o que pensava protegia sua emoção diante dos estímulos estressantes.

Perdemos com facilidade a paciência com os filhos, com os amigos, com as pessoas que nos frustram. Infelizmente, sob um foco de tensão, psicólogos e pacientes, executivos e funcionários, pais e filhos detonam o gatilho da memória e produzem reações agressivas que os dominam, ainda que por momentos.

Ferimos a nós mesmos e não poucas vezes causamos danos às pessoas que mais amamos. Fazemos delas a lata de lixo de nossa ansiedade. Detonado o gatilho, reagimos impulsivamente, e somente minutos, horas ou dias depois, adquirimos consciência do estrago que fizemos.

Somos controlados pela nossa emoção. Algumas pessoas nunca mais se esquecem de um pequeno olhar de desprezo de um colega de trabalho. Outras não retornam mais a um médico se ele não lhes deu a atenção esperada.

Se uma pessoa não aprender a administrar o gatilho da memória, viverá a pior prisão do mundo: o cárcere da emoção.*
Os dependentes de drogas vivem o cárcere da emoção, porque, quando detonam o gatilho, não conseguem administrar a ansie-

---

* Cury, Augusto J. *Superando o cárcere da emoção*. São Paulo: Academia de Inteligência, 2002.

dade e o desejo compulsivo de uma nova dose. Os que possuem a síndrome do pânico vivem o medo dramático de que vão morrer ou desmaiar, gerado também por esse gatilho.

Do mesmo modo, os que têm claustrofobia, transtornos obsessivos compulsivos (TOC) e outras doenças produtoras de intensa ansiedade são vítimas do gatilho da memória. Esse fenômeno é fundamental para o funcionamento normal da mente humana, mas, se produz reações doentias e pensamentos negativos inadministráveis, contribui para gerar uma masmorra interior.

Como exímio mestre da inteligência, Jesus sabia gerenciar o gatilho da memória, não deixava que ele detonasse a agressividade impulsiva, o medo súbito, a ansiedade compulsiva. Portanto, sempre pensava antes de reagir, nunca devolvia a agressividade dos outros e, como já dissemos, estimulava seus agressores a repensar sua agressividade.

O exemplo do gatilho da memória num tribunal

Certa vez, ouvi uma história interessante que aconteceu num tribunal. Um homem estava sendo julgado por assassinato. Havia cometido um crime cruel. Matara um homem por um motivo torpe: durante uma discussão, a vítima jogara um copo d'água no seu rosto. Humilhado, ele o assassinou.

O réu parecia indefensável. Pegaria a pena máxima. O promotor o acusava com eloquência dizendo que alguém com tal grau de violência só poderia estar atrás das grades. Como é possível matar um ser humano por ter sido agredido apenas com um copo d'água?

Tudo parecia perdido. Então, de repente, o advogado de defesa teve uma ideia. Resolveu reproduzir a cena do crime. Começou a criar um clima de atrito com os membros do júri. Subitamente, pegou um copo com água e, no calor da discussão, sem que esperassem, atirou o líquido em seus rostos.

O juiz interpretou o gesto do advogado como um grande desacato. Os membros do júri ficaram profundamente irados com sua insolência. Então, imediatamente, ele pediu desculpas e explicou o motivo de sua atitude. Disse que os agredira daquela maneira para que os jurados se colocassem na pele do réu. Tentara simular o clima do assassinato para gerar neles uma emoção semelhante à que seu cliente experimentara no momento em que a vítima lhe atirara água no rosto.

Encerrou sua defesa dizendo: "Se vocês ficaram irados quando lhes atirei água, entenderão o que aconteceu com meu cliente. Infelizmente, todos nós cometemos atos impensados quando estamos tensos. Ele não é perigoso, jamais planejou aquele assassinato e arrependeu-se da sua atitude impulsiva. Por favor, julguem meu cliente baseados nas suas próprias consciências e emoções."

O réu foi absolvido. O advogado de defesa conseguira levar os jurados a compreender o fenômeno do gatilho da memória. É mais fácil desculparmos a violência dos outros quando nos damos conta da nossa própria violência.

Quanto mais os estímulos estressantes se apresentam através da competição predatória, do individualismo, da crise do diálogo, da velocidade das transformações sociais, mais reagimos sem pensar, mais voltamos ao tempo das cavernas. Assim, pouco a pouco nos psicoadaptamos à agressividade. Aceitamos a violência como normal, como parte inerente da rotina social.

Ao contrário de nós, o mestre de Nazaré não reagia com violência, mesmo quando ferido. Apesar de ser tão bela, nossa espécie é tão complicada que roubamos de nós mesmos a tranquilidade e o direito de sermos felizes.

Estimulando a arte de pensar do agressor

No momento em que o soldado desfere-lhe a bofetada, Jesus diz:

"Se falei mal, dá testemunho do mal..." (*João 18:23*). Uma resposta muito dócil para tanta violência, muito inteligente para tanta irracionalidade.

O soldado o agrediu fisicamente e ele golpeou sua insensatez sem agressividade. Levou seu agressor a pensar no próprio comportamento. Conduziu-o a avaliar sua história e lhe cobrou um testemunho de sua maldade, sua agressividade e seu crime. O mestre vivia a arte da antiviolência; sua humanidade se revelava nos sentimentos mais altruístas. Pensava muito mais no bem-estar dos outros do que em si mesmo.

O soldado o golpeou para ganhar crédito diante de Anás (*João 18:22*). Espancou-o dizendo que ele não deveria falar daquele modo com o sumo sacerdote. Tonteado pela violência do trauma, Jesus, com gentileza, completa a frase: *"...mas, se falei bem, por que me bates?"*

O soldado não era capaz de dar testemunho contra Jesus, cuja conduta era intocável. Ele o feriu gratuitamente, apenas para ganhar prestígio junto a seus líderes. Infelizmente muitos homens na história reagiram sem pensar nas consequências de suas reações. Preferiram agradar a seus líderes a honrar sua própria consciência. Venderam algo invendável por um preço muito baixo.

O que faríamos se alguém nos desse um tapa no rosto? A reação do mestre de Nazaré foge aos limites instintivos do ser humano. Ao contrário do réu que há pouco descrevi, ele, além de amável, estimulou seu agressor a abrir as janelas da mente. Sua personalidade não foi apenas superior à da média. Foi única, exclusiva. Ninguém reagiu como ele no ápice da dor e da humilhação social.

Se Jesus tinha o poder que dizia possuir, por que não fez aquele soldado prostrar-se aos seus pés? Entretanto, se usasse o seu poder, se revidasse com agressividade, seria como qualquer um de nós, não seria livre. Os fracos mostram a força da ira, mas os fortes mostram a força do perdão.

Se Jesus destruísse aqueles homens, seria forte por fora, mas fraco por dentro. Seria dominado pelo ódio e pela raiva – mas nada o dominava. Preferiu conscientemente mostrar-se fraco por fora, sendo livre por dentro.

Dormindo com o inimigo

Todas as experiências que vivemos no palco de nossas mentes são registradas involuntariamente na memória pelo fenômeno RAM. E, se essas experiências tiverem alta carga de tensão, o registro será privilegiado, ocupando áreas nobres de nossa memória.

Aqui há um grande aprendizado a ser feito. Se uma pessoa nos perturbou, nos prejudicou ou nos humilhou, e se desenvolvemos raiva, ódio ou medo dela, essa pessoa será registrada de maneira privilegiada na parte central de nossa memória, que chamo de MUC (memória de uso contínuo). Se imaginarmos a memória como uma grande cidade, a MUC seria a área em que mais circulamos e realizamos nossas atividades profissionais e sociais. Por estar registrado na MUC, o agressor participará de grande parte de nossos pensamentos.

Assim, se achamos que a raiva, o ódio ou a reação fóbica de afastamento nos livrarão de nosso agressor, estamos enganados. Ele almoçará, jantará e dormirá conosco, pois ocupará a área central de nossa memória consciente e inconsciente. Consequentemente, ocupará grande parte de nossos pensamentos, que, por sua vez, afetarão a qualidade de nossas emoções. É por isso que, quando temos um problema, pensamos nele o tempo todo.

Quanto mais aversão sentirmos por alguém, mais essa pessoa ocupará nossos sonhos e nos provocará insônia. Lembre-se disso na próxima vez que alguém o frustrar: se não tomar cuidado, você dormirá com ele.

O mestre de Nazaré não dormia com seus inimigos, pois não tinha inimigos. Os fariseus podiam odiá-lo e ameaçá-lo, mas todo esse ódio não os qualificava como inimigos. Por quê? Porque ninguém conseguia transpor a capacidade do mestre de proteger a própria emoção. Ele não permitia que a agressão dos outros afetasse sua alma.

Conheço a história de filhos que nunca mais confiaram nos pais depois que estes os frustraram. Conheço também pessoas que nunca mais reataram a relação com amigos depois de uma pequena discussão. Abriram as comportas de sua emoção e deixaram que um episódio turbulento destruísse para sempre um belo relacionamento.

O Mestre dos Mestres não se deixava invadir pelas injúrias, calúnias, frustrações e violência dos que o circundavam. Ele viveu de acordo com a bela frase de Galileu Galilei: "Devemos escrever os benefícios em bronze e as injúrias no ar."

Nenhum comportamento humano comprometia a sua paz nem o fazia desanimar. Era livre no lugar em que mais facilmente somos prisioneiros, livre em sua emoção. Sua calma deixava todos atônitos. Mesmo em face da morte ele se mostrava capaz de governar, com tranquilidade, seus pensamentos. Como mestre da mansidão, ele conseguiu produzir ideias brilhantes num ambiente onde só havia espaço para uma intensa ansiedade.

Ao ser amável com seus inimigos, ele cumpria o que havia dito sobre dar a outra face. Entretanto, dar a outra face não era nem de longe um sinal de submissão e de fragilidade, mas de força inigualável. Os líderes de Israel tinham insônia por sua causa, embora dormissem em camas confortáveis. O Mestre do Amor dormia tranquilo, embora tivesse o chão como cama e uma pedra como travesseiro. Que lição de vida!

Todos os líderes políticos que usaram a agressividade como ferramenta para impor suas ideias mancharam as páginas da história. A própria história os condenou. Foram esquecidos ou são lembrados com repugnância.

O nome de Jesus percorreu todas as gerações como fogo em

madeira seca. Quais os motivos? Muitos. Não foi somente por sua demonstração de poder, mas muito mais pela sua disposição de não usá-lo. Quem agiu como ele em todos os tempos?

Jesus mudou a história da humanidade pela delicadeza dos seus gestos num ambiente grosseiro e desumano, pelos patamares impensáveis que atingiu sua amabilidade num ambiente em que as pessoas não sabiam amar.

A primeira sessão de tortura

Após ter sido gentil com o soldado que bateu no seu rosto, Jesus começou a sofrer a primeira e angustiante sessão de tortura. Os soldados se amontoaram à sua volta, zombando dele e espancando-o impiedosamente.

Embora não cite a casa de Anás, Lucas registra que a primeira sessão de tortura de Jesus ocorreu antes de o sinédrio se reunir e condená-lo – portanto, na casa de Anás (*Lucas 22:66*). Os soldados e líderes judeus vendaram-lhe os olhos e disseram: "*Profetiza-nos quem é que te bateu.*" Os traumas no rosto e no corpo dilatavam e rompiam seus vasos sanguíneos periféricos, causando edemas e hematomas. O rosto de Jesus começava a se desfigurar.

Um clima de terror se instalou. Os seres humanos sempre reagem como animais quando estão coletivamente irados. Toda a agressividade daquelas pessoas foi projetada no mais amável dos homens. Embora tivesse dito que dispunha de um grande exército de anjos, ele não reagiu. Suportou silenciosamente a sua dor.

Um olhar arrebatador

No primeiro livro da coleção, *O Mestre dos Mestres*, comentei brevemente a negação de Pedro. Ela ocorreu justo na casa de

Anás. Em razão da importância desse assunto, gostaria de retomá-lo a fim de abordar alguns pontos que não analisei.

Quando Jesus entrou na casa de Anás, Pedro, com a ajuda de um discípulo conhecido do sumo sacerdote, conseguiu introduzir-se disfarçado. Qual foi o discípulo que o ajudou a entrar naquele ambiente? Não se sabe. Provavelmente Nicodemos ou José de Arimateia, por pertencerem à cúpula judaica, ou talvez algum coletor de impostos, como Zaqueu ou Mateus, pois, embora fossem odiados pelos fariseus, tinham poder social porque serviam ao Império Romano.

Pedro foi ousado em entrar naquele ambiente perturbador. Os outros discípulos encontravam-se longe dali. Ele nunca mais esqueceria a cena. Seu amado mestre estava sendo ferido física e psicologicamente. Pedro sentiu um grande desespero. Aquilo parecia uma miragem.

Não podia acreditar nem na violência dos homens nem na passividade do seu mestre diante dos agressores. Talvez pensasse: "Jesus é tão forte e imbatível... Como pode se calar diante de tanta violência? Onde está a sua força? O que aconteceu com a sua coragem?" A mente de Pedro devia parecer um redemoinho borbulhante. Nunca vira alguém tão forte vestir de tal maneira o manto da fragilidade.

Pedro conhecia a coragem de Jesus para enfrentar o mundo e fazer todos se calarem diante de sua sabedoria e seu poder, mas não conhecia um tipo de coragem muito rara: a coragem para enfrentar em silêncio a dor, o desprezo e a vergonha pública.

Diante dos dramáticos sofrimentos do seu mestre e do turbilhão de dúvidas que solapavam sua mente, o gatilho da memória de Pedro detonou um medo intenso. Quando Jesus fazia milagres e proferia belíssimos discursos, Pedro tinha orgulho de ser um dos seus discípulos. Mas agora sentia medo de estar associado a alguém violentamente agredido e humilhado.

O medo travou sua inteligência. Então, quando alguns servos

lhe perguntaram se era um seguidor do nazareno, Pedro negou, sem conseguir raciocinar. Questionado outra vez, voltou a negar mais veementemente. Quando lhe perguntaram pela terceira vez, afirmou enfaticamente: *"Não conheço esse homem"* (*Marcos 14:71*). Por alguns momentos Jesus deixara de ser seu mestre para tornar-se um desconhecido, alguém que ele nunca vira, um homem do qual se envergonhava. Se estivéssemos no lugar de Pedro, quantas vezes negaríamos Jesus?

O evangelho de João é o único que dá margem para interpretarmos que a primeira e a segunda negação de Pedro ocorreram na casa de Anás e a terceira, na de Caifás (*João 18:24-25*). Se ocorreram em dois lugares diferentes, isso indica que a capacidade de pensar de Pedro estava totalmente dominada pelo medo. Não era capaz de gerenciar como seu mestre sua emoção, de se refazer imediatamente após ser atingido pela angústia.

O medo nos domina: o medo de morrer, de ter uma grave doença, de sofrer perdas financeiras, de perder as pessoas que amamos, de ficarmos sós, de sermos rejeitados, de fracassar. Jesus não esperava muito das pessoas. Sabia que na humanidade não há gigantes no território da emoção. Sabia que vacilamos. Conhecia nossos limites.

Quando Pedro o negou pela terceira vez, Jesus se voltou com um olhar cativante, arrebatou seu discípulo do medo e o fez cair em si. Então, Pedro lembrou que prometera morrer com seu mestre, e que este previra que ele fraquejaria. Se lá estivessem os mais ardentes seguidores de Jesus, estes também o negariam de maneira tão ou mais veemente do que Pedro.

Pedro saiu da cena abatido, desesperado. Nunca se sentira tão frágil. Nunca traíra sua própria palavra de maneira tão vergonhosa. Como o mais excelente terapeuta, Jesus previra o fracasso de seu discípulo, não para condená-lo, mas para que ele conhecesse suas próprias limitações. E Pedro chorou como nunca havia chorado antes.

Por ter convivido com alguém que via os erros e os fracassos sob outra perspectiva, Pedro saiu mais forte de sua derrota. Forte na capacidade de perdoar, de compreender a fragilidade humana, de dar oportunidade aos que erram. Somente os que compreendem e aceitam as próprias limitações são capazes de entender as limitações dos outros. As pessoas mais rígidas e críticas são as que menos conhecem as áreas mais íntimas do seu próprio ser.

O Mestre da Vida era livre, embora estivesse atado. Frustrado, ainda acolhia. Que seguidor vive hoje o exemplo que ele deixou?

Jesus foi tão brilhante que, mesmo no auge da dor, conseguia ensinar os que o amavam. Quando silenciado, ensinava com os olhos. Com um olhar penetrante disse a Pedro que não desistiria dele, que ainda o amava. Com a boca sangrando expressou sem palavras que era justamente pelos erros de seu discípulo e pelos erros de toda a humanidade que estava morrendo.

Quem é esse homem que, com as mãos feridas, consegue ainda escrever uma carta de amor no coração do ser humano?

CAPÍTULO 5

Condenado na casa de Caifás pelo sinédrio

Após ter sido torturado na casa de Anás, Jesus, manietado, foi conduzido por ele à casa de Caifás, o sumo sacerdote. Lá reuniu-se o sinédrio. Estavam diante dele os sacerdotes, os fariseus, os herodianos, os saduceus, os mestres da lei, enfim, toda a liderança judia. Os mais cultos e religiosos homens de Israel estavam reunidos para decidir que fim dariam ao mestre de Nazaré que agitava a nação.

Não devemos esquecer que ainda era madrugada. A multidão que tanto o amava estava dormindo ou esperando o dia amanhecer para vê-lo. Ninguém imaginava que Jesus estava sendo torturado e julgado.

A cúpula judaica tentou fabricar falsos testemunhos para condenar Jesus, mas os testemunhos não eram coerentes (*Lucas 23:2*). Não havia contradição na vida do Mestre dos Mestres. Podiam rejeitar drasticamente o que ele falava, mas ninguém era capaz de apontar condutas que rompessem com a ética e o bom senso.

A rigidez dos líderes de Israel impediu que o julgamento fosse isento. Não se renderam a Jesus porque não o investigaram. A pressa e o desespero em condená-lo levou-os a reagir irracionalmente.

Um silêncio gélido

Jesus ouviu todos os falsos testemunhos. Paciente, não sentia necessidade de se manifestar. Os homens do sinédrio mostravam-se apressados, tensos, ansiosos, mas ele mantinha um silêncio gélido.

Caifás, o mais importante homem da cúpula religiosa, estava intrigado e indignado com o silêncio de Jesus. Ele o interrogava, mas não obtinha nenhuma resposta.

Todos os homens mostravam um respeito incondicional pela autoridade do sumo sacerdote, mas o carpinteiro de Nazaré, ainda que o respeitasse como ser humano, não atendia ao seu apelo para que respondesse ao inquérito. Nada e ninguém o obrigavam a falar.

A ferramenta do silêncio é o estandarte dos fortes. Somente alguém destemido e consciente de que não deve nada é capaz de usar o silêncio como resposta.

Por que Jesus não falava? Porque estava acima de todo aquele julgamento. Os líderes religiosos defendiam o Deus do Pentateuco (os cinco livros de Moisés), dos profetas e dos salmos. Apesar de serem especialistas em matéria de Deus, não reconheciam que, diante deles, escondido na pele de um carpinteiro, estava o Deus que defendiam e diziam adorar. Que contraste impressionante! Eram especialistas em ensinar quem era Deus, mas não conheciam esse Deus. Não conseguiam enxergar o filho de Deus naquele galileu.

Os fariseus faziam longas orações, pareciam exteriormente espiritualizados, mas o mestre denunciara reiteradas vezes que eles usavam a religião com o objetivo de se promoverem socialmente, para ocupar os primeiros lugares nas festas e nos templos judaicos.

Imaginem a cena. Jesus dizia ser o filho do Deus altíssimo. Entretanto, ao nascer, preferira o aconchego de uma manjedoura ao berço daqueles que se consideravam especialistas em Deus. Quando cresceu, preferiu trabalhar com madeira bruta e com martelos a frequentar a escola dos fariseus. Quando abriu a boca, aqueles que mais desaprovou não foram os pecadores, os imorais, os impuros, mas os que diziam adorar o seu Pai. Não há como não se surpreender com esses paradoxos.

Certa vez o mestre disse aos fariseus que eles liam as escrituras, mas não vinham até ele para ter vida (*João 5:40*). Em outra ocasião afirmou que *"o que sai da boca procede do coração, e é isso que torna o homem impuro. Com efeito, é do coração que procedem más intenções, assassínios, adultérios, prostituições..."* (*Mateus 15:18*). Indicou que todas as vezes que os líderes de Israel recitavam um salmo ou liam uma passagem dos profetas, eles o honravam com a boca, mas não o conheciam nem o amavam. Quem é esse homem que abalou os alicerces dos religiosos de sua época?

O fenômeno da psicoadaptação gera a insensibilidade

Gostaria de fazer aqui uma pequena pausa para analisar alguns mecanismos inconscientes presentes em todos nós e que conduziram os fariseus e toda a cúpula judaica da época a desprezar completamente o Mestre dos Mestres. No primeiro capítulo, comentei os motivos conscientes, principalmente as causas sociais que levaram a essa atitude; agora, veremos os fatores inconscientes produzidos principalmente pela atuação do fenômeno da psicoadaptação. Os mecanismos aqui descritos nos ajudarão a compreender importantes processos de nossa inteligência.

Ao longo de vinte anos tenho estudado a atuação do fenômeno da psicoadaptação. Ele atua no território da emoção e destrói sorrateiramente a simplicidade, a criatividade, a capacidade de aprendizado, a admiração ante o belo.

Por um lado, a psicoadaptação é importantíssima para o

funcionamento normal da mente. Por outro, se não for bem gerenciada, ela pode aprisionar o ser humano num cárcere, principalmente os cientistas, executivos, escritores, religiosos, professores, profissionais liberais, enfim, os que exercem um trabalho intelectual intenso. Os processos envolvidos na atuação desse fenômeno não serão estudados aqui.*

Psicoadaptação, como o próprio nome indica, é a adaptação da emoção aos estímulos dolorosos ou prazerosos. A frequente exposição aos mesmos estímulos faz com que, ao longo do tempo, percamos a sensibilidade a eles. Podemos perder a sensibilidade à dor, às necessidades e fragilidades dos outros. Podemos, ainda, perder paulatinamente a capacidade de sentir prazer na vida, o encanto pelas pessoas mais íntimas, o amor pelo trabalho, a disposição para criar, a habilidade para aprender.

Jesus foi o Mestre da Sensibilidade. Sabia reciclar o fenômeno da psicoadaptação com grande destreza. Nunca deixava de se encantar com os pequenos estímulos e de ter prazer de viver, ainda que o mundo desabasse sobre sua cabeça. Gostava de se relacionar com as pessoas. Mesmo envolvido em intensas atividades, ainda achava tempo para fazer coisas simples, como jantar na casa de um amigo ou contar uma parábola. O excesso de compromissos não o modificou por dentro. Infelizmente, não agimos assim. Quanto mais compromissos temos, mais deixamos de fazer as coisas simples e aquilo que amamos.

À medida que somos expostos aos estímulos, deixamos de ter prazer neles. Um mês depois de comprar o carro tão desejado já não temos o prazer intenso que sentimos nas primeiras vezes em que o dirigimos. Com o passar do tempo, o estímulo visual vai atuando no processo de construção dos pensamentos e perdendo, sutilmente, a capacidade de excitar a emoção.

O mundo da moda sobrevive porque as mulheres também

---

* Cury, Augusto J. *Inteligência multifocal*. São Paulo: Cultrix, 1998.

são vítimas do fenômeno da psicoadaptação. A necessidade de comprar novas roupas ocorre porque, após usar a mesma algumas vezes, a emoção se psicoadapta e pouco a pouco deixa de provocar o prazer experimentado nas primeiras vezes. A mídia é perniciosa nesse sentido. Sem que se perceba, ela atua no fenômeno da psicoadaptação gerando uma insatisfação mais rápida e intensa, o que estimula o consumismo.

Todos nós temos milhares de experiências nesse sentido. Ao longo da vida nos psicoadaptamos a pessoas, coisas, situações ou objetos. Em muitos casos, o efeito desse fenômeno é positivo. Vamos dar dois exemplos.

Depois que conquistamos uma meta, um diploma, um conhecimento, começamos a perder paulatinamente o prazer da conquista. À medida que essa perda se processa, surge uma ansiedade normal que é estimulada e que chamo de "ansiedade vital". Essa ansiedade nos leva inconscientemente a transpor a conquista e nos impulsiona em direção a novas metas, alavancando assim a criatividade. Muitas pessoas deixam de brilhar porque perderam o encanto de criar. Ouvem palestras sobre motivação, mas nada as estimula. Apegam-se às suas conquistas como se fossem seus tronos. Envelhecem no território das ideias.

Por outro lado, quando vivenciamos perdas, frustrações, injustiças, o pensamento fica hiperacelerado e a emoção, angustiada. Mas, com a atuação do fenômeno da psicoadaptação, a carga de sofrimento vai diminuindo aos poucos, aliviando a dor emocional. Quem não desacelera o pensamento não se psicoadapta às perdas e perpetua a sua angústia. Portanto, nesse sentido, o fenômeno da psicoadaptação é benéfico.

Precisamos, no entanto, ficar atentos para a atuação sutil e maléfica desse fenômeno inconsciente. Ele tem o poder de nos fazer insensíveis à dor dos outros, cultivar a autossuficiência e nos transformar em pessoas arrogantes, prepotentes. É também capaz de gerar a prática do "coitadismo" e nos transformar em pessoas com baixa autoestima e com enorme dificuldade de lutar pela vida e pelos nossos ideais. Pode ainda cristalizar preconceitos e nos levar a discriminar pessoas que são tão dignas de respeito quanto nós. Nesses casos, a psicoadaptação é muito prejudicial.

Embora não citasse o fenômeno da psicoadaptação em seus discursos, o mestre da Galileia demonstrava que o conhecia muitíssimo bem. Estava sempre treinando a emoção dos seus discípulos para que não fossem insensíveis à dor dos outros, para que se vacinassem contra o orgulho, se colocassem como aprendizes diante da vida, não desistissem de si mesmos por mais defeitos que tivessem e nunca discriminassem ninguém ao seu redor.

A psicoadaptação dos fariseus

Antes de estudar a mente dos fariseus, quero citar o exemplo do holocausto judeu. Um dos motivos inconscientes mais importantes que levaram uma parte do povo da Alemanha – que era um berço de cultura e de ideias humanistas – a cometer atrocidades contra os judeus e outras minorias na Segunda Guerra Mundial foi o fenômeno da psicoadaptação.

A propaganda nazista, os fatores sociais e os focos de tensão psíquica atuaram sorrateiramente no universo inconsciente dos soldados nazistas, fazendo com que desenvolvessem uma repulsa pela raça judia e uma valorização irracional da raça ariana. Nos primeiros anos do nazismo, a maioria dos soldados jamais pensou que seria protagonista de um dos maiores crimes da história. Entretanto, à medida que os judeus eram perseguidos e confinados nos campos de concentração, sutilmente foi ocorrendo algo nos bastidores da mente dos soldados alemães. Eles se psicoadaptaram à dor dos judeus. Com o avanço da guerra, não se comoviam mais com suas misérias.

Nem a dor das crianças judias – expressa pelo temor, pelos corpos esquálidos, olhos fundos e angústia pela falta dos pais – comovia os nazistas. Quantas lágrimas, quantos gemidos e reações de medo eles devem ter presenciado. Um milhão de crianças inocentes perderam o direito de existir, viver e brincar. Não foram os judeus que perderam suas crianças, mas nossa espécie. Eu e você as perdemos. Nunca tantas crianças foram mortas na história em um dado período.

O mesmo fenômeno da psicoadaptação que levou a quase dizimar o povo judeu também contribuiu para que os líderes judeus assassinassem Jesus. Tornaram-se autossuficientes. Ninguém tinha o direito de contrapor-se ao que pensavam. Ninguém podia penetrar no mundo deles e dizer que estavam errados. Jamais poderiam ser ensinados por um nazareno que não desfrutava privilégios sociais. O Mestre da Vida não podia ser um carpinteiro. Aqueles homens serviam a Deus sem Deus. As chamas do amor do Criador não aqueciam suas frias emoções.

Os homens que cometeram mais atrocidades na história sempre foram aqueles que tinham menos capacidade de se questionar e de aprender. Eles fecharam as janelas da inteligência, deixando assim de acolher outras possibilidades. Quem vive verdades absolutas usa o poder para dominar os outros. Aqueles que eles não conseguem dominar são exterminados.

Será que não temos sido os fariseus da era moderna?

Eu me pergunto: se fôssemos membros do sinédrio daquela época, não teríamos rejeitado também aquele carpinteiro simples, de mãos ásperas e pele curtida pelo sol? Quantos homens que se consideram mestres dos textos bíblicos da atualidade não teriam engrossado o coro da cúpula judaica, condenando aquele que se recusava a fazer milagres para confirmar sua identidade?

Eu me questiono para saber se não sou um fariseu dos tempos modernos. Quantas vezes ferimos o direito dos outros ao nos colocarmos num pedestal inatingível! Quantas vezes somos radicais e engessados em nossa maneira de pensar! Rejeitamos as pessoas que não pensam como nós, ainda que por alguns momentos. Temos a necessidade doentia de que o mundo se afine com nossas ideias. Reagimos sem pensar quando nossos comportamentos não são aprovados.

Nenhum rei pode trabalhar em equipe se não descer do seu trono e se colocar no mesmo nível dos seus súditos. Do mesmo modo, quem se senta no trono da sua empresa, da sua escola, da sua instituição, da sua família, nunca terá nada para aprender com as pessoas ao seu redor. Quem só sabe dar ordens e olhar as pessoas de cima para baixo nunca conseguirá exercer um trabalho humanizado. Quem não governa seu próprio mundo jamais será um bom líder.

O mestre de Nazaré, apesar de tão sublime na sua capacidade de pensar, não se posicionou acima das pessoas. Era um mestre na arte de ouvir, compreender os sentimentos, estimular a inteligência e valorizar aqueles que o cercavam. Sabia trabalhar em equipe como ninguém, pois era capaz de descer ao nível das pessoas. Se ele era Deus, foi de fato um Deus brilhante, digno de ser amado, pois teve a coragem de sair do seu trono.

Jesus foi um mestre tão encantador que não se apegou à sua posição. Teve a coragem e o desprendimento de dizer aos seus discípulos que eles fariam coisas maiores do que as que ele mesmo fez. Quem se comporta desse modo? Até nos departamentos das universidades tamanha solidariedade é utopia, pois ali não poucos intelectuais vivem cercados de ciúme e vaidade. O Mestre dos Mestres foi excepcional. Somente alguém com a sua grandeza é capaz de estimular os outros a ultrapassá-lo.

Grande, mas pequeno

Alguns podem dizer que Jesus Cristo era totalitário, pois declarava possuir um poder extremo, mas, para nosso espanto, ele se recusava a usar seu poder em favor de si mesmo. Nunca nenhum ser humano defendeu as verdades que ele professava. Mas, ao contrário de nós, não obrigava ninguém a segui-las. Sua grandeza brilhava na sua capacidade de se fazer pequeno.

Naquele meio apareceu um homem convidando as pessoas a beberem uma água nunca antes bebida, que saciava a sede da emoção, que resolvia o vazio da existência e cortava as raízes da solidão. Entretanto, só bebia dela quem tivesse coragem para reconhecer que faltava algo dentro de si.

Quem não tivesse essa sede podia seguir seu próprio caminho e esquecer o Mestre da Vida. Quem se julgava abastado podia ficar girando em torno do seu próprio mundo. Quem não precisava de médico e julgava que não tinha feridas em sua alma podia excluí-lo de sua vida.

Rompendo o silêncio

Retornemos à casa de Caifás. Os homens do sinédrio bombardeavam Jesus com perguntas, mas ele nada respondia. Seu comportamento os deixava extremamente incomodados. Não parecia um réu. Estava às portas da morte e sob o risco de mais uma sessão de tortura, mas não se perturbava. Fora colocado como ator principal de uma falsa peça jurídica.

Sabia de antemão o que iria acontecer. Horas antes, no jardim do Getsêmani, gemera de dor e se preparara para suportar com dignidade os mais aviltantes sofrimentos e humilhações. Seu comportamento sereno diante do sinédrio refletia a sua exímia capacidade de governar a quase ingovernável emoção. Cristo já havia se preparado para morrer.

Muitas pessoas dizem que não têm medo da morte. Mas fazem essa afirmação quando estão gozando de plena saúde. Diante do apagar das luzes da vida, nossa segurança se esfacela. Só não sente algum tipo de insegurança em face da morte quem nunca refletiu sobre ela. Tal insegurança, longe de ser negativa, é uma homenagem à vida. A vida não aceita a morte.

Nossas emoções clamam pela continuidade da existência, nossos pensamentos clamam pela perpetuação do espetáculo da vida. Mesmo os que pensam em suicídio têm fome e sede de vida, mas não suportam a angústia e o desespero que os abatem. Se tivessem aprendido a dominar a sua dor e a navegar no território da emoção, sua vida ganharia um novo sentido.

O sinédrio queria encerrar o julgamento. Caifás insistia para que Jesus respondesse às acusações que lhe faziam, mas ele se mantinha em silêncio. Entretanto, Caifás fez-lhe um pedido que ele não podia deixar de atender. Rogou que Jesus declarasse perante o Deus vivo se realmente era Cristo, o filho de Deus.

No momento em que Caifás fez esse apelo, Jesus, mesmo sabendo que sua resposta detonaria o gatilho da agressividade dos seus inimigos, rompeu o silêncio. Percorreu com os olhos o sinédrio e fixou-os no sumo sacerdote. Em seguida confirmou sem qualquer insegurança: *"Tu o disseste"* (*Mateus 26:64*).

Talvez esperassem uma resposta negativa, um pedido de desculpas e de clemência. Mas a resposta foi positiva. Foi tão afirmativa que Jesus usou as próprias palavras de Caifás para confirmar que era de fato o filho do Altíssimo. Declarou que o Deus a que os homens do sinédrio serviam era seu próprio Pai. E para que não houvesse dúvida sobre sua identidade, foi ainda mais longe. Completou a resposta com uma afirmação que deixou seus inimigos atônitos, rangendo os dentes, espumando de ódio. Vejamos.

Revelando ser a pessoa mais poderosa do universo

Imediatamente após declarar que era o filho de Deus, Jesus revelou seu status. Afirmou com toda a autoridade e sem meias palavras que tinha a mais alta posição do universo: *"Entretanto, eu vos digo que, de ora em diante, vereis o Filho do Homem sentado à direita do Poder, e vindo sobre as nuvens do céu"* (Mateus 26:64).

O poeta Carlos Drummond de Andrade disse: "Quanto mais se tem consciência do valor das palavras, mais se fica consciente do emprego delas." Se existiu uma pessoa consciente do emprego das palavras, essa pessoa foi Jesus. Era econômico e preciso em seu discurso. Seus pensamentos escondiam verdadeiros tratados. Sabia exatamente o que dizia e as implicações de cada uma de suas palavras.

Antes de analisar as reações dos homens do sinédrio, vamos investigar as dimensões e implicações do pensamento de Jesus, considerado pelos fariseus como a maior heresia. Ao invés de acalmar os ânimos dos que o odiavam, ele acirrou sua ira.

Declarou não apenas que era o filho de Deus, mas que todos os homens do sinédrio o veriam vindo sobre as nuvens do céu. O que Jesus queria dizer com isso? Isso significava que, ainda que o matassem, ele venceria a morte, estaria vivo e ativo, e eles o veriam vindo sobre as nuvens do céu. Naquele momento, Jesus estava sentado no banco dos réus, na condição de um simples carpinteiro, um nazareno desprezado e humilhado; mas um dia viria com todo o poder para julgar a humanidade, inclusive os homens que o julgavam.

Sua intrigante afirmação não para por aí. Ele teve a ousadia de dizer algo que jamais alguém teve a coragem de afirmar. Disse que se sentaria na mais alta posição do universo, uma posição impensável, inimaginável, exclusiva: à direita do Todo-Poderoso.

Afirmar que seu Pai é Todo-Poderoso significa que Ele pode estar em todo tempo e em todos os lugares; que perscruta os acontecimentos e sabe de tudo antecipadamente; que faz tudo o que quer, quando quer e do jeito que quer. Sua grandeza possui características incompreensíveis para a mente humana. O tempo, a morte, as limitações não existem para Ele. Não se submete às leis da física, pois todas as leis são obras de sua sabedoria. Nada é impossível para Ele.

Diante de tal poder, podemos perguntar: se Deus é Todo-Poderoso, por que não elaborou um plano menos angustiante para que seu filho pudesse resgatar a humanidade? Se é ilimitado, por que não interveio nas injustiças que perpassam todas as gerações? Por que há guerras, fome, miséria, morte de crianças? Tais perguntas tratam de um tema de fundamental importância que perturba todos os que pensam. Confesso que durante anos fiquei confuso tentando encontrar algumas respostas. Esse tema será tratado no final deste livro, em que abordarei o plano mais ambicioso da história.

O carpinteiro de Nazaré indicou que não apenas venceria a morte, mas que estaria assentado à direita de Deus. O mais rejeitado dos homens disse aos membros do sinédrio que não estaria nem um milímetro abaixo do Todo-Poderoso, mas à sua direita. Jesus resgata aqui sua divindade e revela seu status como "Deus Filho". Diz que tem a mesma posição do Todo-Poderoso, portanto é inalterável, incriado, eterno. Por isso, afirmou reiteradas vezes que ele e seu Pai são um, possuem a mesma natureza.

O Mestre da Vida é envolvido numa colcha de mistérios. Pesquisá-lo é uma grande aventura. Sua história vai ao encontro da célebre frase de Shakespeare: "Há mais mistérios entre o céu e a terra do que sonha nossa vã filosofia."

Chocando os homens do sinédrio

Os homens do sinédrio entenderam a mensagem de Jesus e ficaram perplexos com suas palavras. Jamais poderiam acreditar que estariam julgando e torturando o ser mais importante do universo.

Ao ouvirem sua resposta, os judeus ficaram tão escandalizados que rasgaram as próprias vestes. Tal atitude, típica da cultura judaica, era tomada toda vez que algo muito grave, chocante e inadmissível acontecia. Não podiam estar mais perplexos. Encontravam-se diante de um grande dilema: ou consideravam a afirmação de Jesus a maior verdade do universo ou a maior heresia já proclamada por um homem. Preferiram a segunda opção.

Se Jesus naquele momento fizesse qualquer milagre, poderia mudar o pensamento da cúpula judaica. Mas o Mestre dos Mestres respeitava os seus princípios. Jamais faria um milagre para se promover.

O seu rosto já estava ferido, os traumas doíam em seu corpo, mas, desprezando o sofrimento, ele revelou sua identidade e escandalizou seus opositores. Que coragem é essa que vai às últimas consequências? Se tivesse se calado, teria evitado outra sessão de tortura.

Muitas vezes simulamos e escondemos nossas intenções. Não creio que haja alguém que não tenha omitido ou disfarçado suas intenções diversas vezes na vida. Tais reações derivam do medo de sofrermos consequências por nossa honestidade. O mestre preferiu ser maltratado em seu corpo a trair sua consciência.

Como pode alguém que estava aparentemente derrotado se mostrar imbatível e se posicionar como senhor do universo?

Réu de morte

Caifás, na posição de líder máximo dos judeus, foi o primeiro a rasgar suas vestes, dizendo *"Ele blasfemou"* (*Mateus 26:65*). Dominado pela raiva, pediu o parecer dos membros do sinédrio que desejavam ardentemente eliminar Jesus. Responderam: *"É réu de morte."*

Alguns escritores judeus da atualidade dizem que Jesus era querido no meio da cúpula judaica. Não é verdade. Nutriam por ele uma rejeição visceral, pois se acreditassem nele teriam de mudar completamente a maneira de ver a vida e reagir ao mundo. Teriam de admitir que o Deus de Moisés e dos profetas, proclamado nos salmos, estava diante deles na pessoa de seu filho. Teriam de abandonar sua arrogância e se dobrar aos seus pés.

A segunda e dramática sessão de tortura

No momento em que os homens do sinédrio bradaram que Jesus era réu de morte, detonaram o gatilho da agressividade e uma fúria incontrolável se apoderou dos soldados sob seu comando. Eles se amontoaram em torno do mestre e começaram a esmurrá-lo, cuspir no seu rosto, esbofeteá-lo, chutá-lo.

Em minutos multiplicam-se os ferimentos. Seu rosto traumatizado desfigura-se ainda mais. O poeta da vida fica quase irreconhecível.

Foi uma noite de terror. E, como se não bastasse a violência física, eles o torturaram psicologicamente. Cobriram-lhe o rosto e o esmurraram, perguntando: *"Profetiza, Cristo: quem é que te bateu?"* (*Marcos 14:65*).

Faziam dele o centro de um espetáculo de deboche. Ouviam-se imensas gargalhadas no pátio da casa de Caifás. Todos zombavam do "falso" filho de Deus. Quem suportaria tanta humilhação?

Eis o grande paradoxo expresso na história de Jesus: "Em nome de Deus os homens feriram a Deus, porque não descobriram que Ele estava escondido na pele de um homem."

Se tivéssemos o poder que o Mestre da Vida confessava ter, o que teríamos feito com nossos carrascos? Certamente os teríamos agredido com igual violência. Se o destino da humanidade dependesse de nossa paciência, a raça humana seria extinta. Foi um grande teste para Jesus. Ele nada fez. Simplesmente suportou o insuportável.

Considerado escória humana

Um dia, um velho amigo chinês me contou uma história emocionante ocorrida há muitos séculos na China. Um general chinês que queria destituir o império foi capturado pelo exército do imperador. Este planejou usá-lo para que ninguém mais se rebelasse. Decidiu colocá-lo diante do povo para humilhá-lo publicamente.

O imperador tomou providências para que o general não se suicidasse antes de dar a lição ao seu povo. Ao saber da intenção do imperador, o general considerou a humilhação pior do que a morte. Então, antes que se iniciasse sua tortura, ele começou silenciosamente a morder e triturar a própria língua. Assim, antes de ser humilhado publicamente, morreu de hemorragia.

A grande maioria de nós carrega nos recônditos da alma gestos de pessoas que nos feriram, humilharam, desprezaram. A dor da humilhação, sobretudo em público, é quase inesquecível. Cala fundo na alma, gerando um sentimento de revolta.

Jesus, mais do que qualquer homem, foi humilhado publicamente da forma mais aviltante. Passou por quatro grandes sessões de tortura física e psicológica. Foi tratado como escória humana, alguém de quem as pessoas se envergonham. Mas não desistiu da vida, nem se revoltou. Simplesmente suportou.

Pouco tempo antes de ser preso, entrara em Jerusalém aclamado pelas multidões. Estava no auge da fama. Porém, ao entrar na cidade, chorou (*Lucas 19:41*). Sua reação foi estranha para alguém com altíssimo índice de popularidade. Chorou pelos habitantes de Jerusalém. Chorou pela dor das pessoas, pela distância que seus líderes mantinham de Deus. Desejava que eles se aproximassem de seu Pai e conhecessem o mais belo dos caminhos, o caminho da paz.

As lágrimas que rolavam pelo rosto do Mestre da Vida eram um testemunho vivo de que, apesar de ser contra as práticas dos fariseus, ele os amava. Semanas mais tarde, Jesus foi preso. Livre, chorou; preso, um outro líquido escorreu pelo seu rosto. Não se tratava de lágrimas, mas de escarro. Que contraste! Cuspir em alguém é a maior demonstração que pode haver de rejeição.

Quando chorou, Jesus tinha muitos motivos. Os homens que falavam de Deus não conheciam a compaixão, a misericórdia, o perdão. Se Cristo era Deus, como podiam suas próprias criaturas cuspir em seu rosto sem que ele reagisse? Não há explicação para sua atitude. O amor é inexplicável.

O auge da mansidão no auge da dor

Ao analisar a personalidade de Cristo, qualquer pesquisador da psicologia ficará impressionado. Ele se comportava como um homem, mas é humanamente impossível manter-se tranquilo num momento em que só há espaço para a ansiedade. Ficar sereno onde só cabe o pânico.

Jesus não se deixava dominar pelo medo. Seu comportamento sereno e tranquilo perturbava os que o odiavam e os levava à loucura. Os homens de Pilatos aumentavam o grau de tortura por não vê-lo reagir.

Jesus, certa vez, disse a seus discípulos que não temessem aqueles que matam o corpo, mas sim os que podem destruir a alma. Completou dizendo que reverenciassem o Criador, pois nas suas mãos estava o destino do corpo e da alma (*Mateus 10:28*). De fato, nada que os homens pudessem fazer contra ele o abalava.

Somente isso pode explicar por que, no auge da dor, o Mestre da Vida expressava segurança e brandura. Há dois mil anos pisou na Terra um homem que atingiu o apogeu da saúde emocional.

Certa vez, o Mestre da Vida fez um convite que a psiquiatria e a psicologia moderna não ousam fazer. Disse: "*Vinde a mim todos os que estais cansados e sobrecarregados, e eu vos aliviarei... Aprendei de mim, porque sou manso e humilde de coração; e achareis descanso para as vossas almas*" (*Mateus 11:29*).

O convite de Jesus nos deixa impressionados. Se um psiquiatra fizer esse convite aos seus pacientes, é bem possível que esteja tendo um surto psicótico. Os psiquiatras também são vítimas da ansiedade. Também hiperaceleram seus pensamentos, roubam energia do córtex cerebral e ficam fatigados, estressados, cansados.

Tenho pesquisado uma nova síndrome psíquica, a SPA (síndrome do pensamento acelerado). O excesso de bombardeamento de informações do mundo moderno e a hiperexcitação da emoção causada pela indústria do entretenimento têm gerado a SPA. O ponto central dessa síndrome é a dificuldade do "eu" em gerenciar o processo de construção de pensamentos, o que se traduz em uma produção exagerada e acelerada.

Os sintomas da SPA são: hiperprodução de pensamentos, pensamento antecipatório, ruminação do passado, ansiedade, dificuldade de ter prazer na rotina diária, insatisfação existencial, flutuação emocional, sono insuficiente, déficit de concentração e diversos sintomas psicossomáticos como cansaço físico exagerado, cefaleia, alteração do apetite. A SPA é a síndrome do homem moderno.

Os que exercem um trabalho intelectual intenso estão mais expostos a ela. Nem sempre essa síndrome é doentia, pois seus sintomas não chegam a ser incapacitantes. Mas ela pode predispor à ansiedade patológica, à depressão, à síndrome do pânico, a transtornos obsessivos e a doenças psicossomáticas.

Juízes, advogados, médicos, psicólogos, executivos, jornalistas e professores manifestam a SPA frequentemente e em diversos níveis de intensidade. Não conseguem desacelerar o pensamento e poupar energia física e psíquica. Gastam mais do que repõem, e por isso acordam fatigados.

Professores de escolas primárias e secundárias de todo o mundo têm enorme dificuldade para ensinar, manter o silêncio em sala de aula e conquistar o respeito dos alunos, porque muitos deles são portadores dessa síndrome. Um século atrás os alunos pensavam num ritmo bem mais lento do que os da atualidade. Estes, pela sua insatisfação, ansiedade e enorme dificuldade de se colocar no lugar dos outros, encaram a escola como uma prisão. A vida tem sido um espetáculo onde há mais ansiedade do que tranquilidade. Todos somos candidatos ao estresse.

Conheço de perto diversos psicólogos e percebo claramente que muitos sabem lidar com as dores dos outros, mas têm grande dificuldade em gerenciar suas próprias emoções, principalmente nos momentos de grande tensão. Por tratarem das mazelas da alma, se psicoadaptam aos pequenos estímulos de prazer e alegria da rotina diária e se entristecem, perdem o brilho. Envelhecem precocemente num lugar em que jamais deveriam envelhecer: no território da emoção. Por isso muitos se deprimem.

É raro encontrar um psiquiatra com mais de quinze anos de profissão usufruindo o belo e sendo capaz de aproveitar com leveza e liberdade as pequenas alegrias que cada dia traz.

Os antidepressivos tratam da depressão, mas não produzem prazer. Os ansiolíticos tratam da ansiedade, mas não trazem serenidade. Não sabemos como produzir uma pessoa alegre e tranquila. Mas há dois milênios apareceu um homem que propôs que os seres humanos viessem a ele e aprendessem o que nenhuma escola ensina: tranquilidade, descanso emocional, pensamento desacelerado e lúcido, prazer existencial estável.

Apesar de saber da violência do martírio que o esperava, Jesus não viveu a síndrome do pensamento acelerado. Dormia em meio à aflição dos discípulos, como no episódio do mar agitado. Estava no topo da dor física e psicológica, mas, se estivéssemos presentes na cena, contemplaríamos um homem que exalava calma no caos.

A psicologia e a psiquiatria só não se dobraram aos seus pés porque não tiveram a iniciativa de investigá-lo.

Caminhando em direção à casa de Pilatos

Jesus saiu sangrando da casa de Caifás, quase sem energia. Cambaleante, fez mais uma angustiante caminhada até a Fortaleza Antônia, onde se encontrava Pilatos. Chegara a vez de a lei romana julgá-lo (*Mateus 27:1*).

O sinédrio desejava que Pilatos o condenasse rapidamente, sem um julgamento formal, e se responsabilizasse pelo ônus da sua morte. Os líderes judeus não queriam ser acusados de tê-lo condenado à morte (*João 18:31*).

CAPÍTULO 6

O julgamento pelo Império Romano

As leis romanas representavam a mais bela cultura jurídica e o mais belo solo dos direitos humanos da Antiguidade. Elas influenciariam decisivamente o direito moderno. Todavia, não poucos líderes do império distorceram as leis e corromperam o direito.

Devemos nos perguntar: Jesus teve um julgamento justo? As leis romanas garantiram seus direitos fundamentais? Pilatos respeitou a norma da lei ou esfacelou-a? Precisamos compreender por que o julgamento do mais inocente dos homens se converteu em pena máxima e por que ele foi de tal modo agredido durante o seu processo.

As três acusações dos judeus

Os judeus correram a Pilatos. Precisavam convencê-lo a executar Jesus antes que a população organizasse uma revolta. Atropelar a consciência do governador da Judeia e fazê-lo satisfazer o desejo do sinédrio não seria uma tarefa fácil.

Lucas registra que Herodes Antipas, filho do rei Herodes, sabia que Jesus era famosíssimo e por isso desejava conhecê-lo. Pilatos certamente também conhecia a fama de Jesus. Essa tese fica demonstrada pelo seu rápido convencimento de que o mestre era inocente. Estava convicto de que ele não oferecia risco para a estabilidade do Estado.

Os judeus fizeram três graves acusações contra Jesus. Acusaram-no de agitar a nação, de impedir o pagamento de tributo a César e de se fazer rei. As três acusações, apesar de muito sérias, eram falsas.

Primeira acusação: agitar a nação

Jesus magnetizava as pessoas. Seu poder de comunicação era fascinante. As multidões ficavam extasiadas ao ouvir suas palavras e espantadas com a grandeza dos seus gestos. Um carpinteiro causava uma grande revolução em suas vidas. Os seres humanos mais simples foram elevados por ele aos patamares mais nobres da dignidade.

O Mestre da Vida deu profundas lições a homens e mulheres. Despertou o ânimo e o sentido de suas vidas. Ensinou-lhes a amar a verdade e a ser fiéis à própria consciência. Lapidou a inteligência deles, conduzindo-os a pensar antes de reagir, a não impor, mas expor as ideias com sabedoria e liberdade. Vacinou-os contra a competição predatória, o individualismo e a agressividade. Levou-os a pensar na brevidade da vida e a buscar metas que transcendem o tempo.

Com seus discursos ímpares, o mestre arrebatava as multidões, mas não tumultuava a sociedade. Acusá-lo de agitar e incitar a revolta era totalmente falso. Na realidade, ele equilibrava e dava estabilidade à sociedade. Propiciava condições para que as relações sociais fossem reguladas pela solidariedade, pela justiça e pelos mais nobres sentimentos.

Não agitava a nação, mas balançava o coração das pessoas.

Dizia que era a luz do mundo (*João 8:12*). De fato, entrava pelas frestas da alma, iluminava os becos da emoção, lançava fora todo temor e irrigava de esperança os abatidos. As multidões afluíam para ver o fulgor do mestre. Era impossível ocultá-lo.

Conta-se que havia um jovem que morava num porão escuro. Sentia-se inseguro e amedrontado e queria de todos os modos colocar uma lâmpada que iluminasse o breu. Finalmente, conseguiu contratar um eletricista e satisfez seu desejo. Eis que naquela noite o jovem não dormiu, pois a luz o incomodou. Por quê? Porque o ambiente iluminado revelou teias de aranha, baratas e imundícies. Só depois de fazer uma boa faxina o jovem ficou tranquilo e adormeceu.

Os fariseus viviam na obscuridade. Como não admitiam nem desejavam fazer uma faxina em suas almas, a luz do mestre os incomodava. Em que solução pensaram? Preferiram destruir a luz a se deixarem iluminar por ela.

Segunda acusação: impedir o pagamento de tributo a César

A máquina do Império Romano era caríssima. As mordomias do imperador e dos senadores, bem como os gastos com os exércitos, dependiam dos impostos do mundo dominado por Roma. O império inchou, pois para sobreviver precisava ser grande.

Como mostrei em *O Mestre da Sensibilidade*, Jesus não impedia o pagamento de tributo a César. Ele falava de um outro reino, um reino eterno, onde não havia injustiça, lágrimas, dores nem morte. As pessoas deveriam *"dar a César o que é de César e a Deus o que é de Deus"* (*Mateus 22:21*).

Para Jesus, os seres humanos deveriam procurar em primeiro lugar o reino de Deus. A consciência da brevidade da vida deveria fazê-los enxergar um mundo que ultrapassa a esfera material, que vai além dos limites físicos.

O Mestre da Vida desejava que as pessoas ambicionassem acumular um tesouro que a traça não corrói nem os ladrões roubam. O tributo pago a César dependia do suor do trabalho. O tributo pago a Deus não dependia de dinheiro, bastava um coração simples e disposto a amar.

Terceira acusação: fazer-se rei

O mestre de Nazaré não queria se fazer rei, embora tivesse todos os atributos para ser o mais brilhante monarca. Era lúcido, sábio, perspicaz, eloquente, justo, amável, afável, sereno, equilibrado. Ele não desejava o trono político.

Queria ser rei no coração humano. Preferia o amor de pessoas simples ao ribombar dos aplausos da multidão.

A cúpula judaica pressiona Pilatos

As acusações feitas pelos judeus eram sérias. A pena de morte dos judeus era por apedrejamento (*Levítico 20:2-27; Deuteronômio 13:10; 17:15*). A crucificação era uma prática fenícia que foi adotada pelos gregos e posteriormente incorporada pelo Império Romano. Roma só crucificava escravos e criminosos atrozes.

Cristo por quatro vezes havia predito que seria crucificado. A quarta e última vez foi pouco tempo antes de morrer, alguns dias antes da Páscoa judaica (*Mateus 26:2*). O carpinteiro de Nazaré sabia que não morreria apedrejado. Essa previsão é incomum, e mais incomum ainda é ver alguém como Jesus dirigir seu próprio julgamento com gestos, palavras e momentos de silêncio.

A morte na cruz é lenta e angustiante. Jesus queria morrer como o mais vil dos homens, passando por todos os suplícios. Sua história é saturada de enigmas. Estamos sempre nos esquivando da dor, mas ele, mostrando uma emoção inabalável, foi ao encontro dela.

A liderança judaica decidiu usar a política romana para executar aquele homem amado pelas multidões. Decidiram que Roma o condenaria por ser ele o mais insolente blasfemador.

Livres da responsabilidade pela morte de Jesus, os fariseus, os escribas e os sacerdotes manipularam o povo, levando-o a desprezá-lo e a vê-lo como um agitador político. Por isso, talvez, a brilhante nação de Israel ainda não investigou a história do Mestre dos Mestres detalhadamente. Quem sabe este livro propicie condições para que alguns judeus a investiguem?

A estabilidade do Império Romano devia-se à tolerância

Um dos motivos da fragilidade dos regimes socialistas foi a falta de tolerância e respeito pela cultura e pelas práticas religiosas. As democracias capitalistas têm inúmeras doenças, mas um dos segredos de sua razoável estabilidade é a existência de um bom sistema de liberdade de expressão e de pensamento. É possível aprisionar os corpos e algemar as mãos, mas não se pode encarcerar os pensamentos.

Ao tentar aprisionar o pensamento das pessoas, os regimes ditatoriais construíram uma poderosa arma contra si mesmos. Até nas doenças psíquicas o pensamento encarcerado explode de ansiedade e se volta contra o corpo, produzindo inúmeros sintomas psicossomáticos.

Roma devia ter cerca de 750 anos de fundação quando Jesus nasceu. Inicialmente um pequeno povoado, com o passar do tempo Roma desenvolveu-se e tornou-se um vasto império que durou muitos séculos. Antes de muitas sociedades modernas, seus dirigentes descobriram que a sobrevivência do império só poderia ter razoável estabilidade se respeitasse a cultura e as práticas religiosas. Portanto, não se explica que a cúpula judaica tenha conduzido o mestre de Nazaré a Pilatos, pois o conflito existente era uma questão cultural, espiritual, de liberdade de consciência. Não competia a Roma julgar tais assuntos. Ciente disso, Pilatos não queria julgar o caso. O governador tinha consciência de que os judeus estavam entregando Jesus por inveja (*Mateus 27:18*). Na primeira parte do julgamento, interrogou Jesus por duas vezes.

Na primeira vez que o interrogou, não conseguiu achar crime algum passível de morte. Por isso insistiu para que o sinédrio o julgasse segundo a lei dos judeus. Perspicazes, os membros do sinédrio se esquivaram, dizendo que não lhes era lícito matar alguém. Temiam uma convulsão social.

O réu interrogando Pilatos

Como os judeus não queriam sujar as mãos, Pilatos retornou ao pretório, à sala de julgamento, e perguntou a Jesus se ele era o rei dos judeus. Para espanto de Pilatos, Jesus começou a interrogá-lo, indagando de quem partia aquela pergunta. Com a mesma ousadia com que interrogara Anás, o mestre interroga o governador da Judeia.

O Mestre da Vida desejava estimular Pilatos a pensar. Queria que ele se abstraísse daquela atmosfera de tensão, fizesse um julgamento isento de paixão, fora da influência da cúpula judaica. Mas o governador não entendeu. Estava dominado pelo clima tenso e respondeu asperamente que não era judeu. Disse pejorativamente que "a sua própria gente" é que o estava entregando para ser julgado.

Uma resposta perturbadora

Diante da arrogância de Pilatos, Jesus diz algumas palavras que abalam os alicerces do ríspido governador. Fala que o seu reino não pertence a este mundo e que, se pertencesse, seus ministros iriam empenhar-se para que ele não fosse entregue aos judeus.

Pilatos entendeu a mensagem intrigante. Por isso, emendou em seguida: "*Então, tu és rei?*" (*João 18:37*). Ao que Jesus respondeu: "*Tu o dizes: eu sou rei. Para isso nasci e para isso vim ao mundo.*" O governador não podia acreditar no que estava ouvindo.

As implicações das palavras de Jesus beiram o inimaginável. Ele afirma que seu reino não é deste mundo, o que leva a concluir que há um outro mundo. A ciência só consegue perceber e estudar os fenômenos físicos de um mundo material, mesmo que esses fenômenos aconteçam em galáxias distantes, a bilhões de anos-luz. Entretanto, Jesus declara que há um mundo além dos fenômenos físicos, um mundo tão real que possui um reino. Nesse reino ele é rei.

Embora rei de um outro mundo, ele disse textualmente que nascera para ser rei, não um rei político, mas do interior do ser humano. Não queria subjugar e dominar as pessoas, mas mesclar-se com sua alma e ensiná-las a viver. Como podia um homem ferido, que mal se aguentava de pé, dizer que nasceu para ser um grande rei?

Jesus afirma claramente que seu nascimento foi diferente de todos os outros. Foi direcionado e previamente planejado. Planejado por quem? Não por Maria ou José, e sim pelo Autor da vida. Jesus Cristo tinha uma missão especial. Mas, ao contrário de todo filho de rei, não quis o conforto de um palácio nem as iguarias dos príncipes.

Pilatos ficou perturbadíssimo ao ouvi-lo. Pilatos, que era apenas um governador preposto, tinha diante de si um simples carpinteiro afirmando que era rei de um outro mundo e que nascera com um propósito incompreensível à sua mente. Quem estava diante do governador: um réu sangrando ou o herdeiro do mais poderoso trono?

O menino e o adulto

Herodes, o Grande queria matar o menino Jesus porque fora informado de que ele nascera para ser rei. Mas o menino cresceu em estatura e sabedoria. Todos queriam estar ao seu lado.

Sua inteligência não foi superada pela de nenhum outro homem. Sua didática como contador de histórias, estimulador da arte da dúvida e da arte de pensar jamais foi superada por qualquer educador. Seu poder suplantou o dos imperadores, sua amabilidade e sua preocupação com o bem-estar dos outros jamais foram superadas por qualquer defensor dos direitos humanos. Ele tinha tudo para ser o maior rei da Terra. Mas mostrou a mais bela humanidade.

O adulto Jesus não inspirava temor algum em Pilatos, mas o menino Jesus colocara Herodes em pânico. Herodes, o Grande imaginou o menino crescendo e destruindo seu reino. Apesar de sanguinário, Pilatos conhecia e admirava o homem Jesus e queria soltá-lo. Que contraste!

Após dizer que nascera para ser rei, Jesus continua dizendo que veio para dar testemunho da verdade. Com essas palavras confundiu ainda mais o governador da Judeia. Afirmou que entrara no mundo físico não para fundar uma corrente de pensamento, mas para dar testemunho da verdade. E, com a maior segurança, completou: *"Todo aquele que é da verdade ouve a minha voz"* (*João 18:37*).

Pela primeira vez um réu deixou Pilatos sem palavras. O governante só conseguiu balbuciar: *"O que é a verdade?"* Não esperou a resposta de Jesus e, perturbado, foi mais uma vez ao encontro dos homens do sinédrio intercedendo para soltá-lo.

A pergunta de Pilatos sobre "o que é a verdade" não era filosófica, não indagava sobre a natureza, os limites e o alcance da verdade. Era fruto de sua ansiedade. Jesus estava livre; Pilatos, controlado pela ansiedade. O Mestre dos Mestres, embora ferido, conseguia reinar sobre a insegurança do governador da Judeia.

Testemunho da verdade

Jesus disse que veio dar testemunho da verdade. Cada frase que proferiu tinha grande significado. Que verdade ele veio testemunhar? Não é a verdade lógica que a ciência procura incansavelmente e não encontra, pois essa é mutável, evolui com a expansão do conhecimento.

Referia-se à verdade essencial, à verdade relacionada ao Autor da existência. A verdade geradora, a fonte da criação, capaz de multiplicar pães e peixes, curar leprosos, devolver a visão aos cegos. A verdade que entra na esfera da fé, uma esfera onde a ciência se cala. Essa verdade, incompreensível para a mente humana, é a fonte primeira, o princípio da vida e da existência.

Certa vez, Jesus agradeceu calorosamente a seu Pai dizendo que ele ocultara seus mistérios dos sábios e instruídos e revelara-os aos pequeninos. Isso mostra que Deus é dotado de vontade e de preferências. Ele se agrada ou se aborrece com determinadas características da personalidade humana. Rejeita o orgulho e a autossuficiência, mas acolhe a simplicidade e a humildade. Para o mestre, essas características não indicam desvalorização ou autopiedade, mas uma disposição incansável e vibrante de aprender.

Agrada ao Pai revelar-se aos pequeninos. Ser pequenino não significa ser pobre financeiramente nem inculto intelectualmente, mas aberto para perceber e ser ensinado por aquele que é grande, o Mestre da Vida. Mesmo os cultos ou ricos podem ser simples na maneira de ver a vida. Muitos incultos podem ser arrogantes e fechados em sua autossuficiência.

Temos de tomar cuidado com nossa postura diante da vida. Quem é incapaz de questionar as próprias verdades não tem mais nada a aprender. Seu conhecimento se transforma num cárcere.

O Mestre da Vida só conseguia ensinar as pessoas que não estavam entulhadas de velhos conhecimentos, preconceitos cristalizados e verdades absolutas. Por se julgarem especialistas em Deus, os membros do sinédrio não tinham mais nada a aprender. Ao olhar para o nazareno, só conseguiam enxergar um carpinteiro pretensioso e maltrapilho.

Enviado a Herodes Antipas

Ao ameaçar soltar Jesus, Pilatos sofreu grande pressão por parte da cúpula judaica. A situação era insustentável. Então, ao saber que Jesus era da Galileia, e que o governador da Galileia, Herodes Antipas, estava justamente naqueles dias em Jerusalém, resolveu enviá-lo a ele.

A decisão de enviar Jesus a Herodes foi movida por dois motivos: a incapacidade de se livrar da pressão dos judeus para tomar uma decisão no julgamento de Jesus de acordo com sua consciência e o desejo de agradar a Herodes e resolver suas pendências políticas usando o famoso réu (*Lucas 23:7*).

De manhã bem cedo, o réu fez mais uma humilhante caminhada até outra autoridade romana. Alguns o viram passar escoltado e ferido. Não dava para reconhecê-lo direito. Ansiosos, duvidaram da cena e se perguntavam: "É possível que o prisioneiro seja aquele que tocou nossos corações e nos animou a viver?"

CAPÍTULO 7

Dois Herodes violentando Jesus

O pai e o filho

Quando Herodes recebeu Jesus, ficou extasiado. Conhecia sua fama. Os seus feitos incríveis tinham chegado aos seus ouvidos. Todavia, nunca vira o mestre.

Imaginem a cena. Na vida de Jesus passaram dois Herodes, o pai, chamado de o Grande, e o filho, chamado de Antipas. O pai queria matá-lo e o filho agora iria julgá-lo. O pai o perseguira fisicamente e o filho iria torturá-lo psicologicamente. O pai o considerara uma ameaça, e o filho, um falso rei.

Herodes, o Grande não conseguiu matá-lo, mas Herodes Antipas conseguiu matar João Batista, seu precursor. Pelo capricho de uma mulher, Antipas mandou matar impiedosamente aquele que veio anunciar Jesus, a voz que clamava no deserto e endireitava as veredas dos humanos para que eles pudessem receber o filho do Altíssimo.

Herodes Antipas admirava João Batista, mas, por fim, mandou decapitá-lo, mostrando sua face violenta. Pilatos também admirava Jesus e, no entanto, condenou-o à morte na cruz. Na política, a consciência é esmagada por interesses escusos.

A vida humana valia pouco nas mãos desses homens. Para eles, o ser humano, principalmente o de baixa posição social, não tinha história, não chorava, não sonhava, não amava, nem desfrutava o espetáculo dos pensamentos e das emoções. Era como se nem todos pertencessem à mesma espécie.

Na realidade, todo ser humano possui um mundo a ser descoberto. Só não enxerga isso quem vê os outros apenas com os olhos físicos.

Uma paciência ilimitada

Jesus sabia que Herodes, o Grande tentara matá-lo quando criança. Mais do que isso, tinha consciência de que ele sacrificara inúmeras crianças inocentes na tentativa de eliminá-lo. Sabia ainda que Herodes Antipas também tinha matado um grande amigo seu, aquele que o apresentara ao mundo. Era por esse homem que Jesus estava sendo julgado.

Os judeus estiveram na presença de Herodes acusando Jesus de conspirar contra o império (*Lucas 23:10*). Queriam que Herodes tomasse a atitude que Pilatos não tomara. Mas, por ter ouvido falar sobre os feitos sobrenaturais de Jesus, o governador da Galileia estava desejoso de vê-lo fazer um de seus milagres. Pressionou de muitas formas o Mestre da Vida para que desse um espetáculo. Mais uma vez Jesus encontrava-se entre a liderança judaica e a autoridade romana.

Se nos lembrássemos das crianças que morreram e do assassinato de um amigo, o que faríamos em lugar do mestre? Jesus nada fez. Ante os apelos de Herodes Antipas para que os divertisse, manteve um frio silêncio. Não trocou uma palavra com o governador da Galileia. Devia estar se lembrando das espadas sacrificando as crianças, das lágrimas inconsoláveis das mães. Devia estar se lembrando do amigo degolado.

Como Herodes não conseguiu o espetáculo que desejava, armou um circo e colocou Jesus como personagem principal do seu deboche. Mandou vesti-lo com um manto brilhante e estimulou seus soldados a zombarem dele.

Mais uma vez, se tivéssemos o poder que Jesus demonstrou ter, o que faríamos com Herodes se ele nos humilhasse? Provavelmente o teríamos destruído. Mas Jesus, o mais dócil e amável dos homens, mais uma vez se calou.

O Mestre da Vida reforçou as preciosas lições que já dera. Não usou de violência contra seus inimigos. No auge da dor, recorreu à ferramenta do silêncio. Sabia se proteger, não deixava que a chacota daqueles homens lhe ferisse a alma. Seus inimigos não imaginavam que, com seu silêncio, ele os estimulava a pensar. Governados pelo ódio, deixaram de aprender a lição.

Não temos a habilidade de proteger nossas emoções como fez o Mestre da Vida. Detonamos facilmente o gatilho da agressividade contra os que nos frustram. Não matamos fisicamente, e sim psiquicamente aqueles que nos ofendem ou nos decepcionam.

Os tímidos voltam a sua agressividade contra eles mesmos, deixam-se esmagar por sentimentos de culpa, não suportam errar, permitem que o lixo social invada o território de sua emoção. Nossa paciência tem limite, nossa trégua tem condições, mas a tolerância de Jesus era ilimitada.

Usando a dor do mestre para a reconciliação política

Infelizmente, nos bastidores da política há muitos conchavos e acertos escusos. Às vezes a miséria serve de excelente oportunidade para que alguns políticos se promovam. Se a miséria for extirpada, muitos deles serão alijados do cenário social. As exceções ficam com os políticos que respeitam a arte de legislar e governar.

Além de não serem justos no julgamento de Jesus, Pilatos e Herodes Antipas fizeram conchavos políticos para um acerto de bastidores. Pilatos governava a Judeia; Herodes Antipas, a Galileia. Pilatos e Herodes Antipas governavam regiões vizinhas, mas não se entendiam, envolvidos em intrigas e contendas. Como fazer esses dois políticos se reconciliarem? Pilatos, esperto, procurou agradar ao seu vizinho usando o famoso réu como mercadoria.

Herodes brincou com o destino do mestre, empregou-o como objeto de diversão e assim aplacou a ira de Pilatos. Lucas relata que ambos se reconciliaram usando como instrumento a dor daquele que jamais lançou mão do sofrimento dos outros para obter qualquer vantagem. A política saiu apaziguada, mas a justiça, maculada.

Jerusalém desperta e começa a ver uma cena inacreditável

Eram entre sete e oito horas da manhã. Jesus seria crucificado às nove horas. Diversas pessoas viram uma cena espantosa. Jesus saiu da casa de Herodes inchado, cheio de hematomas, cambaleante e vestido com um manto espalhafatoso, e foi em direção à Fortaleza Antônia, onde se encontrava Pilatos.

A notícia inacreditável já havia começado a se espalhar desde a primeira caminhada até Pilatos e a segunda até Herodes. Muitas pessoas foram para as ruas. Agora, ao verem Jesus saindo da casa de Herodes, os rumores se espalharam como fogo. Jerusalém começava a despertar para o que estava acontecendo. Descobriram que até seus discípulos o tinham abandonado.

Os habitantes de Jerusalém, bem como os milhares de homens e mulheres que vinham de lugares longínquos para ver Jesus, ficaram chocados. Não podiam crer que o mais forte e brilhante dos homens estivesse tão frágil e solitário. Não era possível que aquele homem único que ressuscitara mortos estivesse morrendo.

A fé das pessoas ficou profundamente abalada. A possível revolta para defender o mestre deu lugar ao espanto. Não conseguiam se recompor e muito menos culpar o sinédrio, pois quem estava à frente do julgamento era o poderoso Império Romano.

Jesus caminhava em direção a Pilatos. Para seus inimigos, o sofrimento do mestre era um espetáculo de sarcasmo; para os que o amavam, um espetáculo de dor. Eles morriam por dentro ao vê-lo sofrer.

Os discípulos não dormiram. Passaram a noite acordados, chorando por ter abandonado seu amado mestre, angustiados por saber que ele estava sendo mutilado por seus inimigos. O desespero de Pedro era grande. Contou para os outros que o mestre tinha sido barbaramente espancado e que ele o negara três vezes. Ninguém sabia o que fazer. O mundo parecia desabar sobre eles. Foi uma noite inesquecível.

CAPÍTULO 8

Trocado por um assassino: os açoites e a coroa de espinhos

Trocado por um assassino

Ao conduzir Jesus de volta à Fortaleza Antônia, Pilatos reúne os principais judeus e diz que não achara no réu crime algum, nem tampouco Herodes, pois o havia devolvido. Portanto, o governador se dispôs a soltá-lo. E, para aplacar-lhes a ira, disse que o açoitaria.

Os judeus não aceitaram o veredicto de Pilatos. Solto, o fenômeno Jesus se tornaria um perigo para os líderes da religião judaica. Diante da coação dos judeus contrários à soltura, Pilatos usou um precedente cultural para libertá-lo. Na Páscoa judaica era costume o governante romano soltar um preso estimado pela população. Tal atitude expressava a benevolência do império para com o povo.

Como era Páscoa, Pilatos propôs soltar um criminoso. Mateus relata que o governador deu-lhes a seguinte opção: Barrabás ou Jesus (*Mateus 27:17*). Havia na proposta de Pilatos duas intenções. A primeira era seguir sua consciência e soltar Jesus, pois o considerava inocente. A segunda era provocar os judeus, dando-

-lhes uma opção vexatória. Barrabás era um assassino, matara alguém de sua própria gente. Se tivesse assassinado um soldado romano, já estaria morto, crucificado.

O sinédrio, portanto, teria de decidir: ou soltaria um assassino ou o carpinteiro da Galileia. Pilatos pensou que os líderes judeus certamente concordariam em soltar Jesus. Contudo, para seu espanto, eles não apenas optaram por soltar Barrabás como instigaram a multidão para que o escolhesse (*Mateus 27:20*).

Preferiram um assassino ao poeta da vida. Preferiram alguém que derramara sangue do seu próprio povo àquele que arrebatava as multidões e as conclamava a amar seus inimigos. O Mestre da Vida foi preterido pelos especialistas em Deus. Desconsideraram sua história, a ternura com que tratava os miseráveis e os feridos de alma.

A liberdade de Barrabás colocava em risco a vida de algumas pessoas, mas a do carpinteiro colocava em risco as convicções e as verdades dos líderes de Israel. Tentaram conter as chamas de Jesus Cristo, mas não conseguiram. Mesmo torturado, humilhado e trocado por um assassino, ele incendiou a história.

Havia uma pequena multidão – algumas centenas de pessoas – na presença de Pilatos. Ela era composta dos homens do sinédrio, seus serviçais e a coorte de soldados que prendera Jesus. Não era uma grande multidão nem era a mesma multidão que amava Jesus, pois essa era enorme e compunha-se de dezenas de milhares de pessoas de Jerusalém e de muitas regiões da Judeia, Galileia, Samaria e outras nações.

Todos os filmes a que assisti sobre Jesus têm uma grande dívida em relação à sua história verídica. Não resgatam os fenômenos sociais e psicológicos presentes no âmago dos homens do sinédrio, na multidão que os acompanhava, na mente de Jesus e de Pilatos, nem na enorme multidão que estava em Jerusalém por causa de Jesus.

Jesus era muito famoso, mas, como vimos, após ressuscitar

Lázaro, não podia mais circular livremente em Jerusalém. Por quê? Porque todos os dias familiares de mortos o procuravam desesperadamente para que ele os ressuscitasse. Como a maioria dessas pessoas vinha de longe, e Jerusalém não estava preparada para receber tantos visitantes, muitos deviam dormir ao relento.

Jerusalém acordara perturbada. Pouco a pouco se espalhara a notícia de que Jesus estava sendo julgado e tinha o rosto mutilado. Os que dormiam ao relento afluíram primeiro em direção à Fortaleza Antônia. Todos estavam ávidos por notícias. A chama de esperança daquele povo sofrido começava a se apagar.

Um assassino ovacionado

Enquanto isso, a pequena multidão dentro da casa de Pilatos reagia à libertação de Jesus. Influenciada e instigada pelo sinédrio, ela gritava: *"Barrabás! Barrabás!"* Nunca um assassino foi ovacionado dessa maneira. Os homens gritavam a plenos pulmões para que Pilatos soltasse Barrabás.

Há um grande número de pessoas que não têm intimidade com a arte da dúvida, por isso nunca questionam a si mesmas nem duvidam dos pensamentos daqueles que admiram. Assim, não desenvolvem sua consciência crítica. Defendem com convicção ideias que nunca foram suas, e sim plantadas por outros. Talvez alguns dos que clamaram pela crucificação de Cristo fossem seus admiradores dias antes. Mas, depois de sua prisão, deixaram-se facilmente manipular pelos fariseus. Aqueles que reagem sem pensar serão sempre um joguete nas mãos dos mais eloquentes.

O mais amável dos homens ouviu o clamor dos que o trocavam por um assassino. Jesus, naquele momento, sentiu o ápice da discriminação, uma discriminação igual ou maior do que a que muitos judeus experimentaram na Segunda Guerra Mundial. O que sentiríamos se estivéssemos em seu lugar? O som penetrava em seus tímpanos, percorria seu córtex cerebral e atingia o cerne da sua emoção. Se ele e seu Pai foram os autores da criação humana, conclui-se que, nesse momento, a criatura traiu drástica e completamente o seu Criador.

Judas já o havia vendido pelo preço de um escravo, agora os homens o trocavam por um homicida. Os animais da estrebaria em que nascera foram mais complacentes com Jesus do que muitos homens.

Se Jesus Cristo tinha o mais alto poder do universo, não seria o momento de desistir da humanidade? Que amor é esse que nunca desiste? A dor da rejeição é frequentemente inesquecível. O fenômeno RAM (registro automático da memória) a registra de maneira privilegiada nas áreas centrais da memória. Fica sempre disponível para ser utilizada em novas cadeias de pensamentos. Por isso, dificilmente alguém que foi discriminado deixa, ainda que por momentos, de sentir o amargor da rejeição ao longo da vida.

Qualquer um serviria para ser trocado pelo amável Mestre da Vida. Uma pessoa poderia cometer o crime hediondo mais repulsivo e, ainda assim, o sinédrio rejeitaria Jesus e aclamaria tal criminoso. Para os fariseus, o Mestre dos Mestres era indigno de estar vivo.

Barrabás saiu da banalidade para a aclamação, da clandestinidade para o heroísmo. Jesus permaneceu em silêncio. Não se desesperou nem se indignou com tal rejeição. O Mestre da Vida usou a ferramenta do silêncio para nos ensinar a não cair nas armadilhas da emoção e a não gravitar em torno do que os outros pensam e falam de nós.

A violência dos açoites

Se lermos atentamente, palavra por palavra, vírgula por vírgula, o procedimento de Pilatos nos quatro evangelhos, teremos a impressão de que ele funcionou como um cirurgião que abria o coração dos fariseus, infectado pelo orgulho e pela arrogância. Após ouvir o clamor da troca fatídica, Pilatos ficou convicto de que a cúpula judaica queria a morte do nazareno a qualquer preço e não descansaria enquanto ela não se concretizasse.

Inconformado, o governador não cedeu. Não admitia que aqueles homens controlassem a sua própria consciência. Então, em vez de crucificá-lo, preferiu flagelá-lo com açoites. Pilatos, que aparentemente parecia defender Jesus, mostra aqui sua face sanguinária. Indignado com o sinédrio, descarrega sua ira no réu. O homem Jesus que sangrava no rosto sangraria agora nas costas.

Os soldados de Pilatos saciam assim seu apetite de traumatizar Jesus. Queriam ver a resistência do homem que fizera milagres impressionantes. Os açoites eram dados com um chicote chamado "fragrum". Esse chicote contém diversas tiras de couro. Nestas tiras, são presos pedaços de ossos ou ferro, de sorte que cada chibatada não apenas causa edema e hematoma como também abre ferimentos.

Os homens açoitaram Jesus com dezenas de chibatadas. A pele se abria, os músculos intercostais se expunham. A todos os torturados é dado o direito de gritar, urrar de dor, reagir com ódio, pavor, mas aquele que se propunha a ser o cordeiro de Deus para resgatar as injustiças da humanidade não tinha direito a tais reações. Um cordeiro sofre silenciosamente. O Mestre da Vida suportava calado as suas torturas, como uma ovelha muda perante seus tosquiadores (*Mateus 27:12*).

Ao vê-lo mudo, a ira dos carrascos devia aumentar. Batiam mais forte. Queriam conhecer seu limite. Assim, o homem Jesus reagia com todas as suas forças para suportar o insuportável.

Certa vez, uma excelente enfermeira me contou uma história sobre o drama da dor causada por ferimentos. Ela fazia frequentemente curativos em feridas abertas. Quando os pacientes reclamavam de dor ou desconforto, ela os criticava.

Um dia, ela passou por uma cirurgia. Houve contaminação, a pele e os músculos infeccionaram e os pontos se abriram. Toda vez que alguém ia lhe fazer curativo, ela vivia um tormento. Colocar uma gaze sobre a pele aberta era como passar uma lixa sobre o corpo. A enfermeira gritava de dor. Então se lembrou dos seus pacientes. Percebeu que não compreendia a dor deles. A partir daí tornou-se muito mais amável e tolerante.

Imaginem o que Jesus passou com os açoites. As tiras de couro com metais abriam-lhe a pele. Cada chibatada era como uma cirurgia sem anestesia. Ao vestir seu manto, o sangue se misturava com as fibras do tecido, como se uma lixa roçasse a superfície da pele. Nada o aliviava, a não ser a misteriosa relação que mantinha com seu Pai. A todo momento devia dialogar com Ele sobre sua dor, como o fez após a última ceia.

Devia conversar e orar silenciosamente com o Pai a cada vez que era espancado, esmurrado, cuspido ou flagelado. Havia um mistério no seu martírio. Jesus estava na condição de homem, mas ninguém reagiu como ele no ápice da dor. Uma força incrível o sustentava. Gerenciava seus pensamentos e suas emoções em situações em que era impossível conservar a lucidez. O mestre de Nazaré foi um príncipe no caos.

Coroado com espinhos

Não bastasse o tormento sofrido nas casas de Anás, Caifás e Herodes, e os açoites impostos por Pilatos, Jesus passou pelo último e mais dramático sofrimento antes de carregar a cruz. Vendo a resistência daquele homem, e sabendo que os judeus o acusavam de querer ser rei da nação, eles o vestiram como um falso rei. Trajaram-no com um manto de cor púrpura e colocaram sobre a sua cabeça uma coroa feita de espinhos. E para debochar ainda mais do "falso rei", deram-lhe como cetro um caniço de ferro.

Estava pronto o cenário de horror. Nele começa uma longa

sessão de sarcasmo e espancamento. Uma coorte de soldados – cerca de trezentos a seiscentos – se aglomera em torno daquele homem debilitado para se divertir. Imaginem a cena.

Jesus estava com o rosto inchado e coberto de hematomas. Suas costas sangravam sem parar. Provavelmente não lhe deram água a noite toda. Estava sedento e com o corpo todo dolorido. Sua debilidade não comovia os soldados. Estavam cegos no seu entendimento e no seu humanismo.

Uma análise sociológica do comportamento humano revela que quando as pessoas estão iradas num espaço público, reagem como animais. Se desejam se sobressair com seus deboches, cada uma procura suplantar as demais. Algumas vão às últimas consequências.

As escrituras dizem que vários soldados ajoelhavam-se aos pés do Mestre da Vida, prestando-lhe uma falsa reverência (*Mateus 27:29*). Caçoavam, cuspiam, tomavam-lhe o caniço e batiam-lhe na cabeça. Os olhos de Jesus provavelmente estavam tão edemaciados que ele mal enxergava, mas via o suficiente para saber que não devia reagir. Jesus não abriu a boca.

Talvez esse seja o único caso na história em que uma pessoa tenha passado ao mesmo tempo pelo auge da discriminação e pelo ápice do deboche e do escárnio. A vida de Jesus pautou-se por extremos impensáveis. Foi exaltado como rei e como Deus e foi humilhado como o mais vil dos homens.

Enquanto os mais engraçados prestavam-lhe a falsa homenagem, ouviam-se longas gargalhadas na plateia. Exclamavam: "*Salve, o rei dos judeus!*" (*Mateus 27:29*). Certamente o empurravam para fazê-lo cair. Divertiam-se com sua dor.

Se escondido na pele do homem Jesus se encontrava o ser mais poderoso do universo, como ele suportou ser o personagem central de um teatro de horror? Como permitiu que os homens o ultrajassem e zombassem dele? Imagino que nós, que somos capazes de reagir agressivamente com nossos filhos ou com nossos pais sem grandes motivos, se tivéssemos tal poder, certamente o usaríamos para destruir nossos carrascos. Somos mestres da impaciência; Jesus é o mestre da mansidão.

Coroa de espinho e bofetadas

Não há notícia na história de que alguém tenha sobrevivido depois de humilhar um rei no pleno exercício do seu poder.

A história humana tem de ser recontada. Se o Mestre da Vida era o rei dos reis, se ele se sentava à direita do Todo-Poderoso, então deveria estar registrado em todos os tratados históricos: humilharam, torturaram e zombaram do maior de todos os reis, mas ele tratou com brandura seus carrascos. Ninguém saiu ferido, a não ser ele. Não há como não se curvar na sua presença.

Jesus suportava o sarcasmo humano porque sua emoção tinha uma estrutura sólida. Não esperou quase nada dos seus amigos, sabia que eles o abandonariam. Dos soldados, esperava muito menos. Não há dúvida que ele sofria muito, mas não deixava o lixo externo entulhar sua emoção. Um dos seus segredos era doar-se muito e esperar pouco.

Nós, ao contrário, por esperarmos muito dos outros, ficamos sempre frustrados. Alguns são derrotados apenas com um olhar ou um pequeno gesto. Facilmente nos aborrecemos.

Os soldados, ao perceberem que Jesus não ia gritar, não ia reagir nem pedir clemência, ficaram impacientes e irritados. Quando lhe bateram com o falso cetro (*Mateus 27:30*), uma dor horrível e aguda permeou sua cabeça. Os espinhos cravaram-se no seu couro cabeludo, uma área intensamente irrigada. Dezenas de pontos hemorrágicos surgiram. O sangue escorria por toda a sua face. Era o sangue de um homem. Suportou sua dor como um homem, e não como Deus.

À medida que o sangue percorria as reentrâncias da sua face, os soldados o esbofeteavam com suas mãos vigorosas. Jesus devia sentir vertigem, tontura, e certamente caía com mais frequência no chão. Ao cair, batia com a cabeça no solo e a coroa de espinhos cravava-se mais intensamente. Ao bater com as costas no chão, seu manto colava-se na pele esfacelada pelos açoites.

Foi tratado pelos fariseus como escória humana; pelos romanos, como um homem imprestável, um impostor, um falso rei. O único que rejeitou o trono político para reinar no coração humano recebeu como recompensa flagelos e açoites. Como é difícil governar a alma humana! Nós mesmos não somos líderes do nosso próprio mundo.

O mestre de Nazaré foi dócil e paciente num ambiente onde só havia espaço para a ira e a agressividade. Nunca ninguém pagou um preço tão alto por amar incondicionalmente o ser humano. A história do Mestre dos Mestres abala qualquer um que a investiga.

Felizes não são os que têm uma alta conta bancária, os assediados pela mídia, os que moram em palácios, mas os que encontram motivos para amar mesmo na ausência dessas riquezas. Jesus é o exemplo máximo dessa atitude.

CAPÍTULO 9

A última cartada da cúpula judaica

"Eis o homem!" – uma expressão que reflete o auge da tortura

Jesus foi açoitado, coroado com espinhos e esbofeteado pela coorte romana fora do ambiente onde se encontravam os homens do sinédrio. Os soldados não podiam ainda matá-lo, pois seu julgamento não chegara ao fim. Foram dez ou vinte minutos de espancamento, um tempo enorme para uma pessoa indefesa, massacrada por centenas de soldados.

O Mestre dos Mestres estava irreconhecível. No lugar do rosto de um homem havia uma face desfigurada. Como podemos afirmar isso? Pela expressão usada por Pilatos ao apresentar novamente Jesus aos líderes judeus. Ele disse: *"Eis o homem!"* (*João 19:5*).

Com essas palavras, Pilatos quis tocar a emoção dos judeus, fazê-los ter compaixão de Jesus. Era como se o governador da Judeia dissesse: "Eis aí um homem acabado, mutilado, destruído e sem condições de ameaçar qualquer um. Vocês não conseguem enxergar que ele é apenas um pobre e miserável homem?"

Ao ouvir a expressão "Eis o homem", o sinédrio se levanta e dá um grande susto em Pilatos. Diz pela primeira vez ao líder romano que queriam matar Jesus porque ele dissera ser Deus (*João 19:7*), e o autor de tal blasfêmia deveria morrer.

Ao ouvir isso, Pilatos entrou em pânico. Ele sabia que Jesus era misterioso, já se perturbara com suas palavras e expressões. Tinha consciência de que se tratava de um homem incomum, mas não sabia que ele havia confessado ser divino.

É provavelmente nesse momento que a mulher de Pilatos entra em cena e lhe diz que sonhara com Jesus e ficara perturbada. O mestre já havia tirado o sono de todos os fariseus, agora tirava o sono da mulher de Pilatos. Motivado por sua esposa e convencido de que Jesus era inocente, Pilatos resiste em crucificá-lo. Mais uma vez chama Jesus ao pretório. Retira-se para ter com ele uma nova conversa. O juiz estava confuso diante do réu.

Acusado de ser divino

Pilatos desejava uma resposta clara sobre a identidade de Jesus. Para obtê-la, usa sua autoridade de governador conferida pelo Império Romano e diz: *"Não sabes que tenho poder para te soltar e poder para te crucificar?"* (*João 19:10*). Jesus estava sob um julgamento romano formal.

Como governador, Pilatos tinha pleno poder, não apenas para governar a Judeia, mas para atuar como um grande pretor que julgava segundo o direito romano. As grandes causas eram julgadas por ele próprio.

O poder de Pilatos era realmente grande. O destino dos que viviam na região sob sua jurisdição estava de fato em suas mãos. Ao pressionar Jesus, o governador esperava que ele se intimidasse e revelasse sua identidade. Porém, mais uma vez, o réu o deixou chocado. Ao ouvir aquelas palavras, Jesus afirmou: *"Não terias poder nenhum sobre mim, se não te fosse dado do alto"* (João 19:11).

Ao sinédrio, Jesus dissera que se sentaria à direita do Todo-Poderoso, na posição mais alta do universo. A Pilatos afirma que a autoridade do governador não vinha de Roma, mas do alto. Acontece aqui algo impensável na história do direito e do poder político: o réu confere autoridade ao juiz. Que situação impressionante!

Com sua afirmação, o mestre de Nazaré queria dizer que há um poder no universo do qual emanam todos os outros. Isso significava que o poder político era temporariamente permitido e que o que é permitido será cobrado.

Pilatos considerava que seu poder era outorgado por Tibério, o imperador romano. Agora aquele homem todo ferido e cheio de hematomas dizia que todo poder emanava dele. Como pode alguém com a cabeça sangrando, o rosto desfigurado e na iminência de ser crucificado afirmar que seu poder está acima do Império Romano? O poderoso Pilatos se comportava como uma criança diante do carpinteiro de Nazaré.

Jesus surpreendia a todos quando estava livre e quando estava preso, quando estava saudável e quando estava destruído. Queria dizer ao líder romano que tinha um poder muito maior do que o dele, que poderia se livrar do julgamento e da morte se quisesse, mas não o faria.

Os líderes de Israel e Pilatos estavam abalados, mas nada abalava o Mestre da Vida, nada o amedrontava. Ele se mostrava imbatível nas ideias quando não havia mais força em seu corpo. Nunca um judeu abalara dessa forma as convicções do autoritário governador.

A rejeição e os sofrimentos, em vez de abater Jesus, nutriam a sua capacidade de pensar. As perdas, em vez de destruí-lo e desanimá-lo, o tornavam livre no território da emoção. Somente alguém que eliminou todas as raízes do medo pode ser tão livre.

A última cartada: traindo a história e apelando para Tibério César

Pilatos, admirado com o comportamento de Jesus, mais uma vez o traz à presença do sinédrio e intercede para soltá-lo. Suas idas e vindas mostram que ele estava convicto de que o réu era inocente. Pilatos tinha receio de que ocorresse uma revolta dos líderes judeus caso soltasse Jesus, e esses líderes tinham medo da multidão se Jesus estivesse solto.

O perfil psicológico de Pilatos e suas atitudes indicavam que ele zombava do sinédrio. Apontava diversas vezes para Jesus e dizia: *"Eis o vosso rei"* (*João 19:14*).

O governador da Judeia só temia uma autoridade: Tibério César, o senhor do mundo, o grande imperador romano. Portanto, a última cartada da liderança judia seria denunciar Pilatos ao próprio imperador. Os judeus odiavam o domínio de Roma, detestavam ser subjugados por César, mas, para matar Jesus, a única solução era mostrar estrita fidelidade a ele. Por isso, disseram a Pilatos: *"Não temos outro rei a não ser César"* (*João 19:15*).

E completaram afirmando que, se Pilatos não crucificasse Jesus, estaria admitindo outro rei no solo de Israel, um rei não designado pelo império. Desse modo, ameaçaram denunciar Pilatos a César (*João 19:12*). Precisamos reconstruir o cenário consciente e inconsciente do maior julgamento da história.

Traindo o desejo histórico de liberdade

Tibério César era um poderoso imperador. Embora as leis romanas fossem as mais justas e humanas dos tempos antigos, o imperador governava como um ditador. Além de exercer o poder executivo e o judiciário, também lhe era facultado legislar. Do ponto de vista da filosofia do direito, o maior ditador é aquele que aplica e julga as leis que ele mesmo elabora.

Reunindo os três poderes, os imperadores romanos tinham o poder de um semideus. Quando o poder entorpece os seres humanos, não poucos almejam o status de imortal.

Ao referir-se a Tibério César como rei, a cúpula de Israel traiu sua história. O povo judeu jamais aceitou o controle de qualquer império. O desejo de independência estava nas suas raízes culturais, desde que Abraão, o pai dos judeus, deixara a terra de Ur dos caldeus. Esse desejo se cristalizou quando Moisés libertou os israelitas da servidão do Egito e os conduziu à terra de Canaã.

Como assinalo em *O Mestre dos Mestres*, os judeus quase foram vítimas de um genocídio por serem o único povo, segundo Flávio Josefo, a não adorar o sucessor de Tibério, Caio Calígula, como deus.

O relato histórico dessa passagem é eloquente.* Mostra a coragem e a determinação desse povo em preservar sua identidade e sua sede de liberdade. Alguns embaixadores dos judeus pediram uma audiência a Caio Calígula porque estavam temerosos de serem dizimados se não o adorassem. Era uma audiência de conciliação, na qual queriam mostrar-lhe que, embora não o adorassem como deus, pois isso feria completamente seus princípios e tradições, o respeitavam muito. Faziam até sacrifícios a Deus pela sua saúde e pelo seu governo. Relutante, Calígula os recebeu, mas com desprezo.

Essa audiência podia determinar o destino dos judeus. Se o imperador os obrigasse a adorá-lo, eles não aceitariam e, assim, seriam eliminados não apenas de seu solo, mas de todas as cidades onde habitavam. Filom, um dos embaixadores dos judeus, relata que eles estavam profundamente amedrontados nessa audiência. Registra: "Sentíamos o sangue gelar em nossas veias." Durante o encontro, a cólera de Calígula cedeu e ele não

---

* Josefo, Flávio. *História dos hebreus*. Rio de Janeiro: Editora CPAD, 1990.

os obrigou a adorá-lo, embora não tenha aceitado a argumentação apresentada. No final da audiência, o imperador desdenhou a inteligência e o destino dos embaixadores dos judeus, comentando: "Essa gente não é tão má quanto infeliz. São insensatos por não acreditarem que sou de natureza divina."

Os embaixadores judeus saíram da presença de Calígula dizendo palavras que muito lembram o julgamento de Jesus: "Foi assim que saímos, não de um tribunal, mas de um teatro e de uma prisão, pois vermo-nos ridicularizados, escarnecidos e desprezados foi uma verdadeira comédia." Os judeus sentiram a dor do desprezo e da humilhação provocada pelo imperador. Sentiram-se ultrajados, num teatro, num ambiente em que pouco importava o que eles pensavam e sentiam.

No julgamento de Jesus, aconteceu o mesmo, mas de maneira muito mais violenta. Um julgamento realizado em meio às formas mais cruéis de tortura e humilhação. Não importavam as provas, os sentimentos e os pensamentos do réu. Ele tinha de morrer, e o mais depressa possível, nem que para isso os líderes judeus tivessem, por alguns momentos, de trair a sua história e afirmar que César era seu único rei.

Desprezaram Jesus, que tinha origem judaica e que cuidava dos feridos e dos abatidos de Israel, para proclamar o imperador romano como seu grande líder, ainda que ele os explorasse com pesados impostos.

Condenando Jesus por medo de perder o poder

Quando ameaçaram denunciá-lo ao imperador, Pilatos deve ter-se lembrado que muitos governadores haviam passado pela Judeia e tinham sido destituídos. Amedrontado e profundamente constrangido, ele cede. Por medo de perder o poder, condena o mais brilhante e inocente dos réus.

Ao serem condenados, depois de julgados formalmente, os criminosos podiam apelar para César. Provavelmente os dois criminosos que foram crucificados ao lado de Jesus estavam no final do processo e todos os recursos já haviam se esgotado.

Jesus estava sob julgamento romano havia menos de três horas. Se apelasse para César, provavelmente seu processo seria adiado e transferido para Roma. Todavia, não apelou. Não fez nenhuma reivindicação. Apenas aguardou a decisão final.

Lavando as mãos

Pilatos cedeu diante da possibilidade de comprometer sua carreira política. Cometeu um crime contra a própria consciência. Entretanto, para abrandar seu sentimento de culpa, fez um gesto que iria torná-lo famoso: lavou as mãos. Muitos pensam que esse ato foi digno de aplausos, e não poucos políticos o têm imitado ao longo da história.

O gesto de Pilatos foi tímido e injusto. Lavou as mãos, mas não podia limpar a sua consciência. A sujeira das mãos é retirada com água; a da consciência, apenas com o reconhecimento dos erros e o propósito de voltar a ser fiel a ela.

Quantas vezes nós também lavamos as mãos! Quando nos esquivamos de dar ajuda a alguém próximo, quando procuramos nos eximir das nossas responsabilidades. Lavamos as mãos para nos proteger do sentimento de culpa diante de atitudes justas e generosas que deveríamos tomar.

Sempre que possível, não devemos lavar as mãos. Há casos em que as pessoas dispensam a nossa ajuda. Se depois de esgotarmos nossos argumentos a recusa persistir, talvez seja preferível afastar-nos por um tempo, mantendo-nos disponíveis para o momento em que as janelas da mente do outro se abrirem para acolher nossa contribuição. Devemos sempre aguardar uma nova oportunidade, um novo momento, ainda que ele demore a chegar.

O mestre de Nazaré nunca lavava as mãos. Era poderoso, mas não subjugava ninguém com seu poder. Esgotava todos os recursos na tentativa de ajudar os necessitados, mas sem constrangê-los. Esperava o momento certo para levá-los a novas descobertas. Procurava ensinar de maneira sábia e agradável, e da mesma forma que dava liberdade para as pessoas errarem, oferecia incontáveis oportunidades para que revissem seu erro. Não punia nem cobrava. Estar próximo dele era um convite para reavaliar os alicerces da vida.

Do ponto de vista humano, o destino de Jesus dependia de Pilatos. Portanto, lavar as mãos era se esquivar de assumir a responsabilidade. Ninguém desejava assumir o ônus da morte de Jesus. Os líderes de Israel queriam que o Império Romano assumisse sua condenação, e o império, representado por Pilatos, lavou as mãos para que ela recaísse sobre eles. Para Pilatos, foi o sinédrio que condenou Jesus; para a grande massa dos que o amavam, Jesus foi condenado pelo Império Romano.

O homem que é infiel a si mesmo não tem dias tranquilos. Alguns historiadores comentam que Pilatos suicidou-se. Não há como ser livre e feliz se não reconhecermos nossas fragilidades, se não procurarmos mudar o rumo da nossa vida e respeitar nossa própria consciência.

O Mestre da Vida nos deu profundas lições para aprendermos o caminho da serenidade. Viveu de forma tranquila em ambientes intranquilos. Permaneceu livre, mesmo quando estava acorrentado. No auge da fama, tinha tempo para contemplar os lírios dos campos. Nunca perdeu a simplicidade e a liberdade, mesmo nas situações mais tensas e ameaçadoras.

A sentença de Pilatos

Após lavar as mãos e se livrar do papel de juiz, Pilatos entregou Jesus para ser crucificado. Entretanto, como a morte na cruz era uma condenação romana, o governador tinha de justificá-la. Assim, lavrou sua sentença baseado nas acusações dos judeus, e não em sua consciência.

A seguir transcreverei a cópia fiel da peça do processo de Jesus Cristo que se encontra no Museu da Espanha:

"No ano dezenove de TIBÉRIO CÉSAR, Imperador Romano de todo o mundo. Monarca invencível na olimpíada cento e vinte... sob o regimento e governador da cidade de Jerusalém, Presidente Gratíssimo, PÔNCIO PILATOS. Regente na baixa Galileia, HERODES ANTIPAS. Pontífice sumo sacerdote, CAIFÁS, magnos do Templo, ALIS ALMAEL, ROBAS ACASEL, FRANCHINO CENTAURO. Cônsules romanos da cidade de Jerusalém, QUINTO CORNÉLIO SUBLIME E SIXTO RUSTO, no mês de março e dia XXV do ano presente – EU, PÔNCIO PILATOS, aqui presidente do Império Romano, dentro do palácio e arquirresidente julgo, condeno e sentencio à morte, Jesus, chamado pela plebe – CRISTO NAZARENO – e Galileu de nação, homem sedicioso, contra a Lei Mosaica – contrário ao grande Imperador TIBÉRIO CÉSAR. Determino e ordeno por esta, que se lhe dê morte na cruz, sendo pregado com cravos como todos os réus, porque congregando e ajuntando homens, ricos e pobres, não tem cessado de promover tumultos por toda Galileia, dizendo-se filho de DEUS E REI DE ISRAEL, ameaçando com a ruína de Jerusalém e do Sacro Templo, negando os tributos a César, tendo ainda o atrevimento de entrar com ramos e em triunfo, com grande parte da plebe, dentro da cidade de Jerusalém. Que seja ligado e açoitado e que seja vestido de púrpura e coroado de alguns espinhos, com a própria cruz nos ombros, para que sirva de exemplo a todos os malfeitores, e que, juntamente com ele, sejam conduzidos dois ladrões homicidas; saindo logo pela porta sagrada, hoje ANTONIANA, e que se conduza JESUS

ao Monte Público da Justiça chamado de CALVÁRIO, onde, crucificado e morto, ficará seu corpo na cruz, como espetáculo para todos os malfeitores e que sobre a cruz se ponha, em diversas línguas, este título: JESUS NAZARENUS, REX JUDEORUN. Mando, também, que nenhuma pessoa de qualquer estado ou condição se atreva, temerariamente, a impedir a justiça por mim mandada, administrada e executada com todo rigor, segundo os Decretos e Leis Romanas, sob pena de rebelião contra o Imperador Romano. Testemunhas da nossa sentença: Pelas doze tribos de Israel: RABAIM DANIEL, RABAIM JOAQUIM BANICAR, BANBASU, LARÉ PETUCULANI. Pelos fariseus: BULLIENIEL, SIMEÃO, RANOL, BABBINE, MANDOANI, BANCUR FOSSI. Pelo Império Romano: LUCIO EXTILO E AMACIO CHILCIO."

A sentença de Pilatos mostra os falsos motivos pelos quais Jesus foi condenado à morte. Mostra que muitas pessoas proeminentes do Império Romano e de Israel testemunharam e aprovaram a sentença condenatória. Todavia, três verdades ressaltam nessa peça processual.

Primeiro: Jesus, um grande comunicador

Como vimos, Jesus era um homem magnífico. Sua capacidade de se expressar era arrebatadora. Os estudantes de comunicação e jornalismo desconhecem o maior comunicador da história. Dei algumas conferências em universidades sobre o tema "A arte da comunicação do Mestre dos Mestres".

Alguns dos ouvintes ficavam atônitos com o poder de comunicação de Jesus. Ele se expressava de forma honesta e poética. Era econômico no falar, mas preciso nas palavras. Conseguia ser dócil e extremamente seguro. Falava fitando seus interlocutores nos olhos.

Com sua fala penetrante, ele executava um dos mais difíceis treinamentos da inteligência: o da emoção e do pensamento. Treinava seus discípulos a trabalhar em equipe, a não ter medo do medo, a não querer que o mundo se dobrasse aos seus pés, a pensar multifocalmente em situações turbulentas, a ser tolerantes, gentis, agradáveis, solidários e a amar uns aos outros.

O tom da sua voz não era tímido, mas eloquente. Jesus não tinha medo de chocar seus ouvintes. Seus discursos intrépidos e ousados causavam uma verdadeira revolução no cerne dos espíritos. O conteúdo dos seus pronunciamentos até hoje deixa boquiabertos aqueles que o analisam de coração e mente abertos.

Multidões de pobres e ricos, letrados e iletrados, homens e mulheres o seguiam apaixonadamente. Frequentemente, ao ouvir suas palavras, as pessoas ficavam maravilhadas.

Segundo: Jesus, um grande líder

Jesus causava tanta admiração que, no seu último retorno a Jerusalém, as pessoas colocaram ramos de palmeiras e suas próprias vestes no chão para que ele passasse. Todos estavam extasiados com seu poder e sua eloquência.

Por momentos, o povo esquecia que estava sob o domínio do Império Romano, que dispunha da força de milhares de soldados. Queriam que o mestre os liderasse. Mas ele afirmava que o seu reino não era deste mundo. O único homem que dizia ter poder para dominar a Terra subverteu todos os conceitos ao entrar, no auge da fama, na grande cidade de Jerusalém montado num pequeno e desajeitado animal. Isso aconteceu um mês antes da sua prisão.

Apesar de não querer o trono político, a entrada de Jesus em Jerusalém foi triunfal e causou um grande tumulto. O fato de Pilatos ter incluído esse detalhe na peça processual prova que ele acompanhava de perto os passos do mestre antes do seu julgamento.

No final de sua sentença, Pilatos deixa transparecer seu respeito e seu temor incondicionais pelo imperador Tibério. Declara que quem afrontasse a sua decisão de crucificar Jesus estaria se rebelando contra o próprio imperador. Na realidade, Pilatos apenas registra a pressão que os líderes judeus fizeram sobre ele, ameaçando denunciá-lo ao imperador caso ele não condenasse Jesus. Por submeter-se a essa chantagem, ele deixa claro na peça processual que Jesus rebelou-se contra o imperador ao se fazer rei. O texto de Pilatos dissimula a traição à sua consciência. No papel ficou registrado aquilo que ele não pensava.

Terceiro: Jesus, o filho de Deus

Pilatos acusa Jesus de ser filho de Deus e querer destruir o sacro templo. De fato, a vida do mestre era cercada de mistérios. Tinha comportamentos e sofrimentos humanos, mas suas palavras e suas atitudes eram incomuns para um homem. Pilatos ficou impressionado com sua postura. Jesus se comportava como um príncipe em meio ao caos. Não perdia a dignidade quando sofria.

Jesus não queria destruir o templo físico, mas transportá-lo para dentro das pessoas. Almejava inaugurar o lugar de adoração a Deus no coração humano.

Ele não declarava abertamente sua identidade, mas em algumas oportunidades disse ter a natureza do filho de Deus e o status do mais alto poder do universo. O que nos deixa abismados é que, ao contrário do que costumamos fazer, ele não declarou claramente sua identidade quando estava no auge da fama. Revelou-a no auge de uma derrota – pelo menos aparente –, quando o mundo desabava sobre ele.

Um espetáculo para todos os malfeitores

Na psicologia, principalmente na área de recursos humanos, tem-se falado muito do papel da emoção no desempenho intelectual e na formação da personalidade. Gerenciar a emoção é mais difícil do que governar um país, mais complexo do que controlar uma grande empresa. O Mestre da Vida foi o mais excelente mestre da emoção. Navegou com exímia habilidade no mar agitado da solidão, da incompreensão, da rejeição, da agressividade, da dor física e psicológica.

Jesus era invariavelmente delicado com as pessoas. Nunca expunha os erros delas, nem chamava sua atenção publicamente (*Mateus 26:25*). Apesar da sua gentileza ímpar mesmo com os mais rudes, foi tratado com uma aspereza sem precedentes. Pilatos sentenciou-o à cruz e disse que sua morte deveria funcionar como símbolo para os malfeitores. Como pôde o mais dócil e amável dos mestres servir de exemplo para advertir os homens a não cometerem crimes?

Viajando no túnel do tempo

Se viajássemos no túnel do tempo e estivéssemos presentes no julgamento do Mestre da Vida, provavelmente pertenceríamos a um desses oito grupos:

1. Grupo dos fariseus e dos demais homens do sinédrio que condenaram Jesus, que não tinham coragem de questionar suas próprias verdades e avaliar se o filho de Deus poderia estar travestido na pele de um carpinteiro.
2. Grupo dos fariseus, representado por Nicodemos, que amavam Jesus, mas não tiveram coragem de defendê-lo por medo de também serem punidos.
3. Grupo dos discípulos, que o abandonaram e fugiram quan-

do ele se recusou a fazer qualquer milagre para se livrar do julgamento.
4. Grupo dos que o negaram, representado por Pedro que, embora o amasse intensamente e tivesse mais coragem que os demais discípulos, ainda era frágil e inseguro. Por isso negou toda a história vivida com o mestre quando o viu sendo torturado e espancado.
5. Grupo da população, que não tinha opinião nem convicções próprias e por isso foi facilmente manipulada pelos fariseus que estavam no poder.
6. Grupo dos políticos, representados por Pilatos que o considerava inocente mas permitiu a sua tortura, mandou açoitá-lo e, por fim, para agradar a uma minoria de líderes, lavou as mãos para aliviar a traição à própria consciência e mandou crucificá-lo.
7. Grupo de soldados manipulados pelo sistema religioso e político, que foram agentes da sua tortura e crucificação achando que prestavam um serviço aos seus líderes.
8. Grupo das pessoas que encontraram um novo sentido na vida através das suas palavras e que o amavam apaixonadamente, mas se encontravam do lado de fora da casa onde ele estava sendo julgado, esperando ansiosamente o desfecho do julgamento.

A qual desses oito grupos pertenceríamos? Não havia ninguém ao lado de Jesus. Todos os seus amigos o abandonaram. Se estivéssemos lá, será que o negaríamos como Pedro? Se muitos de nós que dizemos amar profundamente Jesus estivéssemos na casa de Caifás, não teríamos silenciado ante aquele clima de terror que pairava sobre o Mestre da Vida? Será que estaríamos ao seu lado quando ele fazia seus milagres e inteligentes discursos, e no momento da prisão fugiríamos dominados pelo medo?

Se estivéssemos presentes no julgamento de Cristo, provavelmente nenhum de nós o defenderia. Poderíamos admirá-lo, mas nos calaríamos, como Nicodemos. Nossa inteligência e nossa capacidade de decisão estariam travadas pelo medo. Hoje Jesus é famosíssimo e universalmente amado ou, no mínimo, admirado. Naquela época, embora deixasse perplexos todos os que o ouviam, sua dimensão divina estava escondida por trás de um simples carpinteiro.

Hoje é fácil defendê-lo. Naquela época, quando ele resolveu não mais fazer nenhum milagre e deixar de lado seus intrigantes discursos, ficou difícil apoiá-lo e dizer: "Estou aqui, ainda que todos te abandonem, não te deixarei." Na realidade, Pedro afirmou isso, mas acabou falhando. Apesar de amá-lo intensamente, o mais forte dos discípulos negou-o. Talvez fizéssemos o mesmo. Era mais fácil abandoná-lo – mas ele nos compreenderia.

Os discípulos choraram muito durante a noite do julgamento de Jesus. Estavam envergonhados e com sentimento de culpa por terem deixado o seu amado mestre no momento em que ele mais precisava deles. Entretanto, Jesus nada lhes cobrou. Amou-os incondicionalmente. Nós fazemos grandes exigências para perdoar as pessoas; ele perdoou e amou incondicionalmente.

A única coisa que gerava uma reação de intolerância no Mestre da Vida era o comportamento dos fariseus que se preocupavam com a aparência exterior e não com o conteúdo dos seus pensamentos e emoções. Embora não fosse agressivo com eles, Jesus foi contundente ao apontar essa grave distorção em seu comportamento.

O pior grupo não era o dos tímidos, como os discípulos; dos amedrontados, como Pedro; dos omissos, como alguns fariseus que o admiravam. O pior era o dos fariseus, especialistas em Deus e na divindade, mas incapazes de se abrir para os ensinamentos do mestre, engessados em seu próprio mundo. Por isso não analisaram a história, o viver, as palavras, os gestos do Mestre da Vida, e o julgaram por sua aparência exterior. É o caso de nos perguntarmos: se estivéssemos lá, com o conhecimento teológico que temos hoje, iríamos honrá-lo ou nos envergonharíamos dele? Iríamos amá-lo ou nos distanciaríamos dele?

Apesar de ter sido abandonado, negado e rejeitado, o Mestre da Vida não condenava ninguém, nem os fariseus. Queria morrer em favor de todos os seres humanos, mas fez algumas advertências para expandir nossa "qualidade de vida interior". Vejamos uma dessas advertências numa dramática comparação entre os fariseus e os miseráveis da sociedade.

Publicanos e meretrizes precedendo os fariseus

Certa vez, o mestre fez uma declaração chocante aos fariseus, algo que jamais pensariam ouvir. Disse que os publicanos e as meretrizes os precederiam no reino dos céus.

Vamos refletir sobre isso. As meretrizes viviam em função de sua sexualidade. Seus comportamentos e diálogos não inspiravam a moral nem a espiritualidade. Os publicanos, por sua vez, eram coletores de impostos, extorquiam o povo, roubavam dos cofres públicos. Amavam o dinheiro e não se preocupavam com o sofrimento das pessoas sob o jugo do Império Romano. Enquanto isso, os fariseus faziam longas orações, ensinavam as Antigas Escrituras, contribuíam com ofertas e tinham um comportamento socialmente adequado.

Qualquer um que julgasse essas pessoas, por mais liberal e humanista que fosse, aprovaria os fariseus e colocaria as meretrizes e os publicanos em último plano. Ninguém teria a coragem de dizer o que Jesus afirmou. Parecia um absurdo que as prostitutas e os corruptos coletores de impostos pudessem ser aprovados por Deus e os religiosos de Israel, desaprovados.

No evangelho de Mateus, Jesus disse diversas vezes que seu

Pai tinha a capacidade de perscrutar a alma humana e ver o que estava escondido. Via o que os psicólogos e os psiquiatras não conseguem ver. Penetrava diretamente no mundo interior das pessoas.

Aos olhos do mestre de Nazaré, os fariseus aparentavam uma ética insuperável, mas, por dentro, suas intenções e seus pensamentos eram reprováveis.

A maquiagem espiritual e ética dos fariseus não convencia o Autor da vida, não enganava o arquiteto do espírito e da alma humana. Quem é capaz de falar do interior dos seres humanos senão aquele que os teceu?

Onde está a superioridade das meretrizes e dos publicanos em relação aos fariseus? Nos sentimentos ocultos no coração. Os fariseus eram orgulhosos, arrogantes, autossuficientes, não precisavam de um mestre para reparar os pilares de suas vidas, e por isso baniram drasticamente aquele que dizia ser o filho do Altíssimo.

Por outro lado, as prostitutas e os publicanos reconheceram seus erros, injustiças e fragilidades, e por isso amaram intensamente Jesus. Não poucos deles choraram de gratidão pela acolhida carinhosa que lhes deu o Mestre da Vida. Aquele que criou os seres humanos amou a todos, mas só conseguiu tratar dos que admitiam que estavam doentes, dos que tiveram coragem de se aproximar dele, ainda que com lágrimas.

Nos dias atuais valorizamos muito mais a estética do que o conteúdo. Pioramos em relação à época do mestre de Nazaré. É fácil criticar os erros dos outros, enxergar a arrogância de Caifás e a violência dos homens do sinédrio. Mas precisamos nos perguntar: será que não temos nos escondido atrás de uma aparência de ética e moral? Será que não percebemos o quanto estamos saturados de orgulho e arrogância? Somos especialistas em detectar os defeitos dos outros, mas péssimos para enxergar os nossos.

Quando proclamamos "meu conhecimento teológico é melhor do que o dos outros", "minha moral é mais elevada do que a deles", será que Aquele que vê o que está oculto se agrada desses comportamentos? Talvez alguns miseráveis de nossa sociedade, aqueles para quem facilmente apontamos o dedo, tenham um coração melhor do que o nosso.

Com princípios mais sábios do que aqueles apresentados por sociólogos e ideólogos políticos, Jesus regulou as relações sociais. Disse que com o mesmo critério que julgarmos os outros seremos julgados. Se empregarmos tolerância e compreensão, o Autor da vida nos compreenderá e nos tratará com tolerância. E vai mais longe, ao dizer a célebre frase: *"Como quereis que os homens vos façam, assim fazei-o vós também a eles."* Se queremos compreensão, respeito, gentileza, solidariedade, devemos aprender a ser compreensivos, respeitosos, gentis e solidários.

Os que empregam a tolerância compreendem as próprias limitações e, por conhecê-las, enxergam com mais compaixão as fragilidades dos outros. A compreensão, a tolerância e a solidariedade são atributos dos fortes; a arrogância e a rigidez, dos fracos. Se prestarmos atenção naqueles que criticam continuamente as pessoas que os rodeiam, veremos que são estrangeiros em seu próprio mundo, nunca penetraram nos recantos mais íntimos do seu próprio ser. As pessoas que não se conhecem são especialistas em apontar um dedo acusador para os outros.

Se os princípios estabelecidos pelo mestre da escola da vida fossem vividos pela nossa espécie, os exércitos seriam extintos, a agressividade, estancada, e os soldados estariam desempregados. No entanto, precisamos cada vez mais de soldados e presídios. É claro que há algo errado.

O homem que não é juiz de si mesmo nunca está apto para julgar o comportamento dos outros. Os fariseus da época de Jesus não tinham capacidade para julgá-lo, pois não conseguiam julgar a si mesmos. Eles o trataram como o mais vil criminoso. Seu julgamento revelou a miséria que estava no âmago dos homens do sinédrio. Por fora eram éticos, mas quando se sentiram ameaçados abandonaram a imparcialidade, a justiça e a serenidade. Não levaram em conta a encantadora história do Mestre da Sensibilidade.

Que segredos se escondiam no cerne do Mestre da Vida para que ele derramasse sua alma na morte? Precisamos penetrar em alguns desses segredos para entender o que o levou a morrer pela humanidade. Vejamos o plano mais ambicioso da história!

CAPÍTULO 10

O mais ambicioso plano da história

A psicologia e as ciências da educação

Se os cursos de psicologia introduzissem um estudo sério e aprofundado da personalidade de Jesus, os novos psicólogos teriam uma grande ferramenta para compreender os transtornos emocionais e mecanismos para treinar a emoção dos pacientes e torná-la saudável. Como mestre da escola da vida, Jesus conseguia abrir as janelas da mente e contemplar o belo em momentos em que corria o risco de ser controlado pela ansiedade, ter a inteligência travada e reagir por instinto. A psicologia ainda é uma frágil ciência no processo de investigação do funcionamento da mente. Ela precisa descobrir Jesus Cristo.

As ciências da educação também precisam descobri-lo. A psicopedagogia de Cristo não encontra precedente. Como contador de histórias, tinha um jeito de falar cativante que encantava as pessoas. O tom de voz, o modo de olhar, a economia de energia no discurso, a autoridade nas palavras, a exposição em forma de diálogo, a versatilidade e a criatividade que ele usava na comunicação interpessoal faziam de sua pedagogia uma verdadeira arte de ensinar. Se as faculdades adotassem a psicopedagogia do Mestre dos Mestres, os novos professores revolucionariam o precário sistema educacional das sociedades modernas.

Sinto-me limitado para descrever a grandeza e os mistérios que cercam a mente de Jesus Cristo. A partir de cada frase que proferiu poderíamos escrever um livro. De cada silêncio, uma poesia. De cada controle da emoção, um princípio de vida. Sinceramente, os recursos linguísticos para descrevê-lo são restritos.

O Mestre da Vida não tinha impulsos suicidas

Gostaria, neste ponto, de fazer um questionamento muito sério sobre os motivos que levaram uma pessoa com uma inteligência tão espetacular como a de Jesus a se entregar ao auge do sofrimento. Ele tinha condições de evitar seu julgamento e sua crucificação, mas não o fez.

Ninguém amava a vida como ele. Tinha prazer em conviver com as pessoas. Observava o belo nos pequenos eventos de que participava. Gostava de crianças e de dialogar com todas as pessoas. Qualquer um que dele se aproximasse tornava-se facilmente seu amigo. Tinha prazer em criar laços de amizade até com os leprosos deformados que cheiravam mal. Não havia nele rejeição pela vida, nem ideias ou impulsos suicidas. No entanto, deixou-se morrer. Por quê?

Se ele não tinha inclinação para o suicídio, por que não fez nada para evitar seu sofrimento e sua morte? Milhões de pessoas dirão que Jesus sofreu e morreu para perdoar os seres humanos. Mas não haveria milhares de outras maneiras de nos perdoar?

Um grande problema em qualquer tipo de investigação é que, por não conseguirmos conviver com a ansiedade gerada pelas perguntas e pela dúvida, somos rápidos e superficiais em nossas respostas. Mas é preciso perguntar: se Deus é tão inteligente, não poderia arquitetar um plano que exigisse menos de si mesmo? Por que Deus fez o impensável, entregando seu único filho para morrer pela humanidade? Que amor é esse que excede todo entendimento, que implode a lógica?

Gostaria de investigar não apenas as intenções subjacentes do homem Jesus, mas algumas áreas da mente de Deus descritas nas escrituras para compreender o que estava por trás do cenário do julgamento que analisamos aqui. Jesus era um homem genuíno, mas ao mesmo tempo se colocava como o filho de Deus. Era homem e era Deus. Teve atitudes, comportamentos e sentimentos humanos, mas as causas que o motivavam não eram humanas.

Não será possível compreendermos as últimas 24 horas do homem Jesus se não compreendermos os pensamentos de Deus. Contudo, é preciso que o leitor tenha consciência de que, todas as vezes que entro nessa área, não estou discorrendo sobre religião, mas sobre assuntos complexos escondidos nos textos das biografias de Cristo e nos demais livros do Antigo e do Novo Testamento.

Questionando a existência de Deus

Tentarei abordar um assunto muito complexo que perturbou e ainda perturba a mente de muitos teólogos, filósofos, pensadores e homens de todas as culturas e raças. Um assunto que também me tirou, durante anos, a tranquilidade. Um tema sobre o qual muitas vezes não temos coragem de falar, que fica represado em nossa alma, que raramente verbalizamos, mas que mina nossas convicções. Questionarei a existência de Deus sob a perspectiva da sua intervenção nos eventos da humanidade.

Ao olhar para tudo o que Jesus passou, temos de questionar por que ele fez um sacrifício tão grande. Quem se animaria a fazer o que ele fez? O que motivou alguém que discursou incansavelmente sobre a vida eterna a preferir a morte mais vexatória? Não podemos ter medo de usar nossa inteligência para indagar: se Deus é tão criativo, por que arquitetou uma solução tão angustiante para resgatar a humanidade?

Ao refletirmos sobre as lágrimas, o desespero, a aflição e as injustiças que macularam os principais capítulos da história da humanidade e que ocupam uma parte central do palco de nossas vidas, temos de questionar: quem é Deus? Onde está Deus? Quais as características básicas da sua personalidade? O que move seus sentimentos? Ao fazer esse questionamento, podemos chegar a três hipóteses: 1ª) Deus não existe, é uma criação da mente; 2ª) Deus existe, mas abandonou a humanidade, por considerá-la um projeto falido; 3ª) Deus existe e traçou um projeto inimaginável para resgatar a humanidade.

1ª hipótese: Deus não existe, é uma criação da mente

Não sei se o leitor já questionou a existência de Deus. Eu já indaguei intensamente. Ao olhar para as misérias humanas, para as injustiças sociais e para a história da humanidade podemos nos perguntar se há um Deus no universo ou se ele é apenas fruto da imaginação dos homens. Vamos refletir.

Apesar de haver alimentos em abundância para nutrir todos os habitantes da Terra, a fome destrói inúmeras vidas. Se Deus existe, por que não intervém nas desculpas políticas que financiam nosso egoísmo e extingue a fome?

Mães veem seus filhos morrer lentamente de desnutrição e, abatidas também pela fome, não têm sequer lágrimas para chorar a morte de seus pequenos. Onde está Deus?

Todos os dias morrem crianças com câncer. Mal começaram a brincar e já fecham os olhos para a existência. Onde está o Criador? Se Ele existe, por que não intervém no sofrimento? Muitos indagam: será que é porque Ele não existe ou porque desistiu de nós? Não dá para deixarmos de examinar essa questão, ainda que mantendo o respeito que ela merece.

Lembro-me de uma paciente que entrou em depressão após a morte da filha. Sua pequena criança de sete anos teve um câncer incurável. A mãe ficou desesperada. Em sua última crise, a menina teve uma atitude inesperada. Sabendo que estava se aproximando a hora da sua morte, pediu que a mãe se retirasse do quarto. Não queria que ela sofresse. Vocês podem imaginar uma criança procurando poupar a mãe de sofrer por sua morte? A menina estava nos instantes finais da vida e desejava ansiosamente a companhia da mãe, mas quis protegê-la e ficou só com o médico. A mãe nunca mais sentiu o coração de sua filha pulsar, nunca mais ouviu sua voz. Entre ambas perpetuou-se um silêncio inaceitável. Se o Criador existe, por que suas criaturas sofrem tanto?

As lágrimas dos pais sempre irrigaram a história. Eles cuidam carinhosamente de seus filhos, dedicam-se a eles, os acariciam, alimentam, preocupam-se com seus comportamentos, sonham com seu futuro. Vivem para os filhos, mas não querem estar vivos para vê-los morrer. Desejam ardentemente que seus olhos se fechem antes dos deles. E, no entanto, quantos pais são obrigados a assistir à morte dos filhos por overdose, por doenças, por acidentes ou nas guerras. O questionamento é inevitável: se há um Deus que é Autor da existência, por que Ele não estanca as lágrimas das pessoas e alivia as suas dores?

Observem as doenças da emoção. Os portadores de depressão vivem o último estágio da dor humana, perdem o prazer de viver, ficam desmotivados, sentem uma fadiga excessiva, tornam-se insones ou dormem demais. Em vez de serem compreendidos, são tachados de fracos. As características de sua personalidade, embora nobres, são exageradas: punem-se muito quando erram, preocupam-se excessivamente com a dor dos outros, antecipam em demasia os acontecimentos do amanhã.

Entretanto, não poucas vezes, a reação ao seu sofrimento é o desprezo da sociedade e de familiares. Alguns intelectuais pensam: se Deus teceu o interior das pessoas, por que não apazigua a emoção e estanca a dor dos que sofrem no recôndito da alma?

Vejam as injustiças sociais. O ser humano sempre discriminou. A fina camada de cor da pele, negra ou branca, tem servido de parâmetro para separar seres da mesma espécie. Quantas vezes na história homens escravizaram homens, tolheram seus direitos fundamentais e os transformaram em mercadoria? Alguns questionam: será que Deus nunca se importou com as algemas dos escravos e com a humilhação que sofrem ao se tornarem objetos de barganha?

A vida é muito longa para se errar, mas brevíssima para se viver. Se refletíssemos filosoficamente sobre a temporalidade da vida, essa reflexão estimularia a sabedoria e o amor pelos direitos humanos. Compreenderíamos que o intervalo entre a infância e a velhice é de alguns instantes. Mas desprezamos a sabedoria.

A sabedoria sempre foi atributo de poucos, muitas vezes classificados de "tolos" por terem se desviado do sistema. Por desprezo à sabedoria, matou-se, feriu-se, escravizou-se, estuprou-se, discriminou-se. Se há um Deus Todo-Poderoso que assiste todos os dias às loucuras humanas, por que não intervém na humanidade e faz rapidamente justiça? Por que permitiu que Jesus, a pessoa mais dócil que transitou na Terra, morresse de maneira tão violenta?

Alguns ainda argumentam que Deus não existe porque nunca O viram, nunca O perceberam com seus sentidos, nunca presenciaram um de seus milagres. Se considerarmos todas as misérias humanas e a "aparente" falta de intervenção de Deus nessas misérias, a primeira hipótese que vem à mente de muitos é que Deus é uma invenção espetacular do cérebro humano. Ele não existe, por isso não intervém.

Nessa hipótese, a sofisticação do cérebro teria arquitetado a fantástica ideia da existência de Deus por pelo menos dois grandes motivos. Primeiro, porque tornaria mais suportáveis as intempéries da vida. Segundo, para alimentar a esperança na eternidade. Quantos homens e mulheres, ao longo dos séculos, entraram em grande conflito existencial perguntando-se: será que Deus é apenas fruto da nossa imaginação ou será que é a maior verdade do universo?

Agora procurarei provar que Deus existe. Ele é real e fez e faz muito mais por nós do que imaginamos. Suas características de personalidade são bem definidas e precisam ser conhecidas, caso contrário, jamais O entenderemos. Gostaria de defender a tese de que Deus não é uma invenção do cérebro humano. Dentro das criaturas há fenômenos que provam a existência de um Criador. Em minha opinião, à medida que a ciência avança para explicar o mundo dentro e fora de nós, ela se depara com lacunas e paradoxos que só a existência de Deus pode explicar.

Deus não é uma invenção do intelecto

Questionar a existência de Deus é oportuno, pois sabemos que a ciência está se voltando cada vez mais para a espiritualidade. O ateísmo, tão em moda na primeira metade do século XX, começou a implodir nas últimas décadas. No século XXI, a sede de descobrir quem é o Autor da vida só fará aumentar. Um dos motivos que promovem essa procura é o vazio deixado pela ciência. Nunca a ciência avançou tanto e nunca as pessoas estiveram tão expostas aos transtornos emocionais, tão vazias e sem motivação na vida.

O mundo moderno estimula excessivamente a emoção humana, mas não produz emoções estáveis e ricas. Por isso, muitos cientistas creem que por trás do mundo físico há um Autor da existência que explica seus paradoxos.

Para alguns deles, o mundo físico "matematizável" – que pode ser explicado e mensurado pela matemática – tem muitos fenômenos inexplicáveis que ultrapassam os limites da lógica. Diversos cientistas afirmam que a teoria quântica na física concebe a ideia de que há um Deus no universo, uma consciência cósmica, uma causalidade descendente.

Os físicos têm suas razões para crer em Deus. Em minha opinião, se os pesquisadores da psicologia conhecessem mais acuradamente o campo da energia psíquica e o processo de construção de pensamentos, teriam ainda mais motivos. As maiores evidências de que há um Deus no universo não estão no universo físico, mas na alma humana.

Em dois períodos da minha vida rejeitei a ideia da existência de Deus. Achava que procurá-lo era perder tempo com o imaginário. Entretanto, ao pesquisar os fenômenos que constroem as cadeias de pensamentos, fiquei abismado. Encontrei muitas evidências claras de que no processo de construção da inteligência há diversos fenômenos que ultrapassam os limites da lógica, tais como a governabilidade do pensamento, o fenômeno da psicoadaptação e o fenômeno do autofluxo.* Tais fenômenos só podem ter sido concebidos por um Criador.

Nós, que pesquisamos em alguma área da ciência, amamos a lógica, apreciamos controlar nossos experimentos e os fenômenos que observamos. Procuramos produzir conhecimentos teorizando, medindo, provando e prevendo. Entretanto, verificamos que no processo de construção dos pensamentos há um sistema de encadeamento distorcido que produz minúsculas diferenças no modo de pensar e de sentir a cada momento. O pesquisador procura controlar o mundo que pesquisa, mas sua própria construção dos pensamentos tem fenômenos incontroláveis. Quem gerencia totalmente a psique?

---

* Cury, Augusto J. *Inteligência multifocal*. São Paulo: Cultrix, 1998.

Não apenas dois cientistas, diante de um mesmo fenômeno, produzem conhecimentos micro ou macrodistintos como um mesmo cientista produz conhecimentos distintos de um mesmo fenômeno observado em dois momentos diferentes. Por quê? Porque nunca somos os mesmos.

As variáveis que estão no palco de nossas mentes e que alicerçam a interpretação – tais como a leitura da memória, o estado emocional, a motivação, o nível de estresse – nos tornam distintos a cada momento. Produzimos a lógica da matemática e da física, mas nossa inteligência é tão espetacular que não cabe dentro de um mundo lógico. Quem a teceu? Um fantástico Criador!

O território da emoção escapa ao controle lógico-científico. Num instante podemos estar alegres e no outro, apreensivos; num momento tranquilos e no outro, ansiosos. Que tipo de energia constitui nossas emoções e as faz mudar de natureza em uma fração de segundo?

Às vezes, diante de um pequeno problema, reagimos com grande ansiedade e diante de um problema sério, com tranquilidade. A matemática da emoção rompe com os parâmetros da matemática numérica, o que ora nos torna belos e sábios, ora imprevisíveis e complicados. A energia emocional tão criativa, livre e imprevisível pode ser fruto apenas do metabolismo cerebral? Não! O metabolismo cerebral é lógico demais para explicar o mundo emocional e o sistema de encadeamento distorcido no processo de construção dos pensamentos. Quem confeccionou a energia psíquica?

A teoria da evolução de Darwin, apoiada nas mutações e na variabilidade genética, pode explicar a adaptação das espécies diante das intempéries do meio ambiente, mas não justifica os processos ilógicos que ocorrem nos bastidores da alma humana. Ela é simplista demais para explicar a fonte que gera o mundo das ideias e das emoções. A alma humana precisa de Deus para explicá-la.

Não apenas um pai produz reações diferentes diante de um mesmo tipo de comportamento de um filho em dois momentos distintos como também médicos e dentistas produzem conhecimentos distintos, ainda que não o percebam, diante dos mesmos fenômenos que observam.

Tais processos ilógicos são ruins? De modo algum. Eles geram a intuição e produzem os saltos criativos, a inspiração, o belo, as novas ideias que os cientistas não sabem explicar como surgiram. Einstein disse, certa vez, que não compreendia de onde vieram as inspirações que contribuíram para a descoberta da teoria da relatividade. Se a mente humana fosse lógica, o mundo intelectual seria engessado e não teríamos inventado a roda nem a escrita. Não haveria escritor nem leitor.

Volto a afirmar que nunca há um mesmo observador analisando um mesmo objeto. Não apenas o observador mudou como o objeto também mudou, pois nada no universo é estável. Tudo no mundo físico passa por um contínuo processo de organização, caos e reorganização, gerando um belíssimo trânsito de mão dupla entre matéria e energia. Do mesmo modo, no mundo psíquico, cada pensamento produzido no campo da energia psíquica passa pelo caos e se organiza em novos pensamentos. Só um Autor magnífico poderia conceber nosso intelecto!

Observe o mundo das ideias e a confecção das cadeias de pensamentos. O mundo físico é regido por leis que governam os fenômenos e as relações, gerando limites. Não podemos jogar um objeto para cima e esperar que a Terra vá até ele. Ele vem até a Terra porque é atraído por sua força gravitacional. A lei da gravidade o controla.

Não podemos transformar um átomo numa molécula, nem um elétron num átomo. Entretanto, no mundo das ideias não existem tais limitações. Podemos pensar no que queremos, quando queremos e como queremos. Construímos os pensamentos com incríveis plasticidade e liberdade criativa. Posso transformar um grande pensamento numa pequena ideia. Posso pensar no amanhã e viajar no passado, sendo que o amanhã não existe e o passado não retorna. Como podemos realizar essas façanhas? Que tipo de energia constitui o mundo dos pensamentos e o faz tão livre? Uma energia metafísica!

Tenho muito a falar sobre esse assunto, pois o venho estudando há vários anos, mas não é o objetivo deste livro. Só quero concluir que os fenômenos que constroem a inteligência me convenceram de que Deus deixou de ser uma hipótese remota e passou a ser uma realidade.

Há um campo de energia no interior do ser humano que podemos chamar de alma e espírito e que não pode ser explicado apenas pela lógica do cérebro, pela lógica da física e muito menos pela lógica da matemática. A alma humana não é química. A "ideia de Deus" não é uma invenção de um cérebro evoluído que resiste ao seu fim existencial. Há algo em nós que coexiste e cointerfere intimamente com o cérebro, mas que ultrapassa seus limites. Algo que chamamos de alma, psique e espírito humano. Algo que clama pela continuidade da vida, mesmo quando se pensa em suicídio, algo que clama pela imortalidade.

Numa análise que tenho feito sobre a personalidade de Freud, verifiquei que o pai da psicanálise procurava inconscientemente a eternidade, apesar de ter sido um judeu ateu. O amor atropelou o pensador. O amor intenso de Freud por um dos seus netos que estava morrendo lentamente de tuberculose miliar abalou seus alicerces. Ao vê-lo morrer sem ter condições de resgatá-lo para a vida, Freud escreveu uma carta a dois amigos que testemunhavam sua depressão, constatando que seu estado emocional representava uma dramática reação inconsciente diante do fim da existência.

O caos emocional desse ilustre pensador evidencia que a vida possui fatos inesperados e variantes incontroláveis e revela que não há gigantes no território da emoção, que todos somos eternos aprendizes nesta curta e sinuosa existência. Ver as flores da primavera num ambiente em que o inverno desfolhou todas as plantas, como fazia o Mestre da Vida, é o nosso maior desafio.

Há na alma humana inúmeros detalhes que revelam a existência de um fantástico arquiteto da vida. Além disso, a análise da personalidade de Jesus Cristo abriu as janelas da minha mente e me fez ver a existência de maneira totalmente diferente. Ninguém seria capaz de criar uma personalidade como a dele. O Mestre dos Mestres chegou ao limite da sabedoria, ao ápice da tranquilidade, ao topo da serenidade, num ambiente em que imperavam as mais dramáticas violências físicas e psicológicas. Quem na história foi como ele?

2ª hipótese: Deus existe, mas abandonou a humanidade, por considerá-la um projeto falido

Nessa hipótese, Deus existe, mas alguns acreditam que a humanidade é uma criação que não deu certo. Todas as injustiças e dores humanas se perpetuam porque o Criador considerou a humanidade um laboratório falido.

Para eles, o Autor da vida ficou farto dos assassinatos, das discriminações, da intolerância, da agressividade que cometemos diariamente. Percebeu que os seres humanos, apesar de construírem ciência, criarem cultura, produzirem tratados de direitos humanos, não conseguem se livrar das suas misérias e injustiças.

Homicídios, estupros, discriminações, guerras incontáveis, crise do diálogo, fome, desigualdades sociais estão em todos os capítulos da nossa história. A humanidade é uma experiência da qual o Criador desistiu. O ser humano é excessivamente corrupto e destituído de afetividade. Governa o mundo exterior, mas não administra a si mesmo, por isso não consegue construir um mundo social justo, afetivo e irrigado de solidariedade.

Os que creem nessa hipótese acham que Deus nos abandonou à própria sorte neste planeta azul que mais destruímos do que conservamos. Mergulhados no universo, construímos religiões na tentativa de achar o elo perdido entre a criatura e o Criador. Todavia, Ele se esqueceu desta bela e frágil espécie.

Nessa hipótese, o Autor da vida não nos destruiu, mas fez com que nossos dias se encerrassem nos poucos anos da existência. Depois da morte, acaba o espetáculo da vida. Nesse caso, o sonho da imortalidade da alma seria apenas um belíssimo delírio religioso, pois a morte nos faria deparar com o drama do "nada", do "silêncio eterno", do "caos da inexistência", da perda irreparável da consciência. Com a morte do cérebro, os bilhões de experiências de vida que tecem a colcha de retalhos da identidade da personalidade se tornariam irrecuperáveis.

Os que defendem essa tese não percebem suas consequências psicológicas e sociais. Os filhos nunca mais ouviriam a voz dos pais, os pais nunca mais reencontrariam seus filhos, os amigos se separariam para sempre. Tudo aquilo por que lutamos e a que nos dedicamos no correr da vida seria em vão, pois, à última batida do coração, mergulharíamos na mais dramática solidão, a solidão da inconsciência existencial: nunca mais saberíamos quem somos, o que fomos e quem foram as pessoas que amamos e com quem convivemos.

3ª hipótese: Deus existe e traçou um projeto inimaginável para resgatar a humanidade

Segundo essa tese, Deus existe e criou as criaturas à sua imagem e semelhança e colocou-as na bolha do tempo, dando-lhes plena liberdade para agir de acordo com a sua consciência. Nessa hipótese, Deus criou o ser humano de maneira tão elevada que respeita as decisões humanas. Ele nos deu o livre-arbítrio para escrevermos nossa própria história. Não criou robôs, mas seres que pensam, decidem e que são capazes não apenas de agir segundo a sua consciência como de amar e rejeitar o próprio Deus. Essa tese revela que o Autor da vida é grande em poder e maior ainda em dignidade, pois somente alguém com tamanha grandeza pode ter a coragem de deixar que os outros o rejeitem.

Nessa terceira hipótese, Deus sabe de todas as injustiças, de todos os sofrimentos, de todas as mortes das pequenas crianças, dos sofrimentos dos pais, dos seres escravizados, dos injuriados, dos miseráveis. Restaurará a vida, devolverá a identidade dos mortais, reorganizará a personalidade das crianças ceifadas pelas doenças, aliviará toda dor, enxugará toda lágrima, e a morte não mais existirá (*Apocalipse 21:4*).

Podemos nos perguntar: mas se o tempo de nossas vidas demora a passar, por que Deus não estanca logo as dores humanas? Para nós, o tempo é demorado; para Ele, não. Nós vivemos no parêntese do tempo, ele vive fora dos limites do tempo. O tempo não existe para o Eterno!

A terceira hipótese é descrita nos quatro evangelhos como a maior das verdades. É sobre ela que vou discorrer mais à frente. Nela está traçado um plano para resgatar os seres humanos. Se não compreendermos esse plano, poderemos considerar que o julgamento e a morte de Jesus foram atos de suicídio. Só esse plano justifica o fato de Jesus revelar que possui um poder que nenhum ser humano jamais teve e, ao mesmo tempo, se deixar morrer sem qualquer resistência. Somente um plano fascinante pode explicar por que o Mestre da Vida se deixou passar pelos patamares mais indignos da dor física e emocional. Se tomarmos qualquer parâmetro, seja ele filosófico, psicológico, sociológico, psicopedagógico ou teológico, constataremos que seu plano é o mais espetacular da história. Vejamos.

O mais ambicioso plano da história

À medida que desenvolve sua consciência, todo ser humano quer saber qual é o sentido da vida. Procuramos esse sentido nos diplomas, nas riquezas, nos projetos filantrópicos, no bem-estar social. Como andarilhos nesta complexa existência, frequentemente indagamos: Quem somos? Por que existimos? Contudo, não poucas vezes, quanto mais procuramos nossas respostas, mais expandimos nossas dúvidas.

O ser humano é uma pergunta que por dezenas de anos busca uma resposta. Aqueles que não se perturbam diante dos mistérios que cercam a vida ou estão entorpecidos pelo sistema social ou nunca usaram com profundidade a arte de pensar. Trabalhamos, amamos, planejamos o futuro, mas não percebemos que somos minúsculos pontos inseridos no espaço.

Olhe para a lua e imagine-se pisando em seu solo. Perceba o quanto somos pequenos. Temos a impressão de ser donos do mundo e entender tudo. Ledo engano! Não somos donos de nada, nem da vida que pulsa em nossas células. Não entendemos quase nada. Em qualquer área, a ciência produziu conhecimento no máximo sobre cinco ou seis perguntas sequenciais. A ciência é útil, mas o conhecimento que possuímos pode se tornar um véu que encobre nossa ignorância.

Tomemos por exemplo a química. Conhecemos a matéria, as moléculas, os átomos, as partículas subatômicas, as ondas eletromagnéticas. O que conhecemos depois disso? Muito pouco, embora haja ainda uma escala infinita de acontecimentos. A ciência é inesgotável, e mal arranhamos a tinta da grande casa do conhecimento. Atados ao tempo e ao espaço, queremos entender o mundo, e mal sabemos explicar quem somos.

Houve um homem que via o mundo além do tempo e do espaço. Era de estatura mediana como qualquer um de nós, mas naquele homem se concentrava a força criadora do universo e de tudo o que tem vida, de toda a energia cósmica. Esse homem foi Jesus Cristo, o Mestre dos Mestres.

Um dia, quando os fariseus debatiam com o mestre, ele disse algo que ninguém em plena sanidade mental teria coragem de dizer. Afirmou que sabia de onde tinha vindo e para onde ia (*João 8:14*). Nenhum de nós sabe de onde veio e para onde vai, a não ser que use a fé. A fé é a ausência da dúvida. No entanto, se usarmos exclusivamente a razão, somos obrigados a confessar que a dúvida é a mais íntima companheira de nossa existência. Não devemos admirar demais os intelectuais, pois eles são como todo mundo: "perguntas vivas" que perambulam por esta misteriosa e momentânea existência.

Como Jesus Cristo podia afirmar que sabia de onde vinha e para onde ia? São impressionantes os paradoxos que o cercavam. Ao mesmo tempo que previa a sua morte, afirmava que já existia antes desta curta existência e depois dela continuaria existindo. Ao ser preso, todos os seus amigos o abandonaram. Ao ser crucificado, seus amigos e inimigos pensaram que ele havia mergulhado no caos da morte. Mas, ao contrário da lógica, ele sabia para onde ia. Declarava que ia para além de um túmulo fechado, escuro e úmido.

Somos exclusivistas; Jesus desejava incluir. Sua missão era surpreendente. Ele não veio para fundar uma nova escola de dogmas e ideias. Seu plano era infinitamente maior. Veio introduzir o ser humano na eternidade, trazê-lo de volta para o Autor da vida e dar-lhe o seu Espírito. Como faria isso? Vamos procurar entender passo a passo.

Se há livros misteriosos, repletos de palavras e de situações enigmáticas, são os evangelhos. Nos textos desses livros há a indicação clara de que o nascimento, o crescimento, o anonimato, a profissão e a missão de Jesus foram estritamente planejados.

Nada foi ao acaso. Esse planejamento fica claro no texto em que Mateus descreve o precursor de Jesus, aquele que foi encarregado de apresentá-lo ao mundo (*Mateus 3:4*). O evangelista diz que João Batista veio propositadamente como um homem estranho, com vestes, alimentação e moradia incomuns. João vestia pele de camelo, comia gafanhotos e mel silvestre e morava no deserto. Nada mais estranho. Convenhamos que nenhum arauto de um rei teria tal comportamento.

Jesus perguntou aos fariseus sobre seu precursor: *"O que esperavam? Um homem com vestes finas?"* E continua afirmando que os que têm vestes finas habitam nos palácios, enquanto ele e João Batista optaram por uma vida sem privilégios sociais. Eram simples por fora, mas ricos por dentro.

O Autor da vida não queria que as pessoas se dobrassem aos seus pés pelo seu poder, mas pelo seu amor. Os seres humanos sempre se deixaram fascinar mais pelo poder financeiro e político do que pelo amor. Mas Jesus, que poderia ter o mundo aos seus pés se usasse seu poder, preferiu ser amado a ser temido. Por incrível que pareça, o Todo-Poderoso veio procurar amigos, e não escravos, por isso veio pessoalmente conviver com as mais diferentes pessoas. Quantos de nós, ao conquistar mais poder, perdemos os amigos?

Segundo os textos dos evangelhos, Deus tem plena consciência de todas as necessidades humanas. Cada dor, angústia ou aflição toca sua emoção. Ele nunca foi indiferente ao pranto dos pais que perderam seus filhos. Está presente em cada lágrima derramada, em cada momento de desespero. Penetra em todos os seus momentos de solidão e de descrença da vida.

Certa vez, ao ver uma viúva da cidade de Nain que perdera seu único filho, Jesus ficou profundamente sensibilizado (*Lucas 7:11*). Ela não precisou lhe dizer nada sobre sua solidão. Ele ficou tão emocionado com sua dor, que fez um milagre sem que ela lhe pedisse.

Apesar de saber de todas as coisas, Deus não intervém na humanidade da forma como gostaríamos e como Ele desejaria intervir. Caso contrário, passaria por cima dos seus próprios princípios. Transgrediria a liberdade que dá aos seres humanos de seguirem seu destino na pequena bolha do tempo.

Observem o comportamento de Jesus enquanto caminhava na Judeia e na Galileia. Ele não pressionava ninguém para segui-lo, nem mesmo usava seus milagres para subjugar qualquer pessoa. Somente isso explica por que não impediu Pedro de negá-lo, nem Judas de traí-lo. Comunicou o que iria acontecer e não fez nada para mudar a disposição dos dois. Nunca alguém honrou tanto a liberdade humana. Falamos em liberdade nos tratados de direito e de filosofia, mas pouco sabemos sobre ela.

Deus não poderia dar àqueles que criou à sua imagem e semelhança menos liberdade do que dá para si mesmo. O Autor da vida sempre respeitou a liberdade de suas criaturas porque sempre respeitou a sua própria.

Às vezes, as pessoas andam por caminhos desconhecidos, por trajetórias acidentadas. Essas trajetórias geram a necessidade de milhares de diálogos entre elas e Deus e, por fim, tal comunicação, em forma de oração e de meditação, se torna um relacionamento íntimo e afetivo entre Deus e o ser humano. O Mestre da Vida suportou todo o seu sacrifício para gerar pessoas livres e felizes, e não máquinas humanas controladas por ele.

Um dia as crianças que morreram na mais tenra infância conquistarão uma personalidade: construirão ideias, sentirão, decidirão, terão uma história. Jesus mesmo disse que o reino dos céus era das crianças, referindo-se não apenas às de pouca idade, mas também às pessoas que não se diplomam na vida, que não se contaminam com a autossuficiência nem se consideram prontas (*Mateus 18:3*).

Por um lado, os homens o julgaram e o odiaram injustamente; por outro, ele planejou cada passo do seu julgamento e morte. Com precisão cirúrgica, traçou todos os passos de sua vida. Por incrível que pareça, nada escapou ao seu controle.

Disse claramente a Pilatos que tinha vindo à Terra com um propósito específico. Era um mestre e um maestro da vida. Enquanto traçava o seu plano, afinava a emoção dos que o cercavam e os ensinava a viver.

Toda pessoa que quer brilhar em sua história necessita ser empreendedora, criativa, ter uma dose de ousadia e possuir metas bem elaboradas. A criatividade e a ousadia de Jesus para cumprir suas metas eram fascinantes. Planejou morrer pela humanidade de um modo específico e num tempo determinado. Amou apaixonadamente uma espécie que conhecia mal a linguagem do amor.

Aos olhos dos filósofos, dos pensadores humanistas, dos cientistas sociais e até do senso comum, é incompreensível a morte de Jesus. Porém, se sairmos da bolha do tempo, do sistema social em que vivemos e das preocupações da existência que ocupam nossa mente, compreenderemos a intenção do Mestre da Vida. Perceberemos que ele foi o maior empreendedor de que se tem notícia.

Como já dissemos, Jesus Cristo não veio inaugurar uma nova escola de pensamento, novos rituais espirituais, nem ditar regras de comportamento, embora estabelecesse nobilíssimos princípios de conduta. Seu plano incluía todos os homens e todas as mulheres de todas as religiões. Os judeus, os islamitas, os budistas, os hinduístas, os sufistas, os negros, os brancos, os amarelos, os ricos, os miseráveis, as prostitutas, os puritanos, os doentes, os sadios, enfim, todos os seres humanos de qualquer época e cultura estão incluídos no seu projeto.

O Criador, através do seu filho unigênito, quis dar aos mortais uma longevidade que a medicina jamais sonhou. Quis estabelecer uma justiça que os fóruns do mundo inteiro jamais imaginaram que existisse. O mais justo e dócil dos homens veio sangrar por nós e causar a maior revolução da história da humanidade. Que plano fenomenal!

Apesar de o plano de Deus ser inigualável, temos de indagar: se há um criador com infinita sabedoria, por que Ele não arrumou um modo mais fácil de resgatar a humanidade? Por que o filho do Altíssimo precisou nascer num estábulo, levar uma vida simples, dormir ao relento, ser torturado, ter seu corpo açoitado, ser humilhado publicamente e, por fim, morrer lenta e dramaticamente cravado numa trave de madeira?

Para responder a essas perguntas temos de ler inúmeras vezes suas biografias e, tanto quanto possível, nos esvaziar dos nossos preconceitos para enxergar o problema da humanidade com os olhos do mestre.

O problema está ligado a dois pontos fundamentais da essência do ser humano: a debilidade física do corpo e a incapacidade de gerenciar pensamentos e emoções. Vamos entender melhor.

Um sacrifício para transformar o mortal em imortal

Desde pequenos estamos acostumados a detectar e resolver problemas. Entretanto, o maior problema humano não pode ser extirpado: a morte. O discurso contínuo e eloquente de Jesus sobre a vida eterna trazia embutido o conceito de que para ele o corpo humano estava falido. Falido não por doenças clássicas, mas na sua essência, na sua estrutura física; por isso ele morre. O mestre nunca temeu a morte e nunca a encarou como um processo natural, mas como um problema a ser erradicado da história humana.

Ninguém consegue conter os processos metabólicos que conduzem à velhice. Quando estamos no ápice da saúde temos a sensação de sermos imortais, mas morremos todos os dias. Fazemos seguro de vida, seguro-saúde, seguro do carro, colocamos grades nas janelas, alarme na casa, mas não impedimos que a vida se esgote no cerne de nosso metabolismo.

Nada neste universo é eterno, estável. Nenhum planeta, átomo ou estrela dura para sempre. Segundo o homem mais misterioso que viveu nesta Terra, o Criador é o único que possui uma vida que não sucumbe ao caos, que não caminha para o fim. Esse homem, aparentemente um simples carpinteiro, disse que era o "pão da vida" e que quem dele comesse teria a vida eterna! Seu ambicioso plano visa dar uma vida infindável ao temporal. Como isso é possível?

Ele se tornou homem para cumprir sua justiça no lugar da criatura humana. Diferente de todos os credores, sacrificou-se para pagar o débito que a humanidade tinha com seu Pai. Desse modo, pôde dar gratuitamente algo impensável e invendável à humanidade: a sua natureza eterna e incriada. Aos seus olhos, somente tal natureza pode fazer os seres humanos transcenderem a bolha do tempo e saírem da condição de criaturas para terem o status de filhos de Deus. Crer nisto entra na esfera da fé. Todavia, é impossível não reconhecer a grandeza do seu plano.

Jesus tinha todos os motivos para desistir diante de Anás, Caifás, Pilatos e Herodes Antipas, acabando assim com as sessões de tortura; mas não o fez. Pensou em cada um dos seus amigos. Lutou sem desferir golpes em seus adversários. Lutou até morrer uma luta que não era sua. Levou seu plano até as últimas consequências. Num ambiente onde só era possível gritar, urrar de dor, odiar e condenar, optou pelo silêncio.

Para sintetizar um novo medicamento que combata doenças e prolongue alguns anos de vida são gastos, muitas vezes, centenas de milhões de dólares. O Mestre da Vida gastou a energia de cada célula do seu corpo para tornar realidade o sonho da imortalidade.

Transformando a essência da alma humana

Jesus Cristo não morreu apenas para tornar realidade o sonho da imortalidade, mas para conduzir o ser humano a navegar no território da emoção e a desenvolver as funções mais altruístas da inteligência. Ele almejava transformar e enriquecer a natureza da nossa alma e do nosso espírito. Sabia que, por mais que nos esforcemos, não conseguimos ter um prazer estável, não sabemos amar, não sabemos nos doar, não somos íntimos da arte de pensar, não sabemos ser livres, nem governar nossas reações, principalmente quando, em situações tensas e estressantes, a "temperatura" da nossa emoção aumenta.

Não apenas o corpo humano é frágil, mas sua estrutura psicológica também o é. Observe as reações que ocorrem com frequência no palco de nossas mentes. Quem gerencia plenamente os próprios pensamentos e emoções? Quem é líder do seu mundo interior? Somos tímidos no controle de nossas angústias e ansiedades.

Facilmente perdemos a paciência com os outros. A mais calma das criaturas tem seus limites. Sob determinados focos de tensão ela pode reagir sem pensar, ferindo as pessoas que mais ama.

O egoísmo e o individualismo são características que surgem espontaneamente ao longo do processo de formação da personalidade. A doação, o trabalho em equipe e a preocupação com o bem-estar social exigem uma excelente educação e um esforço diário para serem incorporados e exercidos.

Amamos o prazer e almejamos viver dias felizes. Todavia, frequentemente somos nossos principais carrascos. Entulhamos nossa cabeça de pensamentos negativos, preocupações existenciais e problemas que ainda não aconteceram. Além disso, temos dificuldade de usufruir o que possuímos e de contemplar o belo nos pequenos momentos da vida. Da infância à velhice, a tendência natural da emoção humana não é uma escala ascendente de prazer, mas de entristecimento. De um modo geral, as crianças são mais alegres do que os adolescentes, que são mais alegres do que os adultos, que são mais alegres do que os idosos.

Reflita sobre sua experiência: você é mais alegre hoje do que foi no passado? Conquistamos dinheiro e cultura, mas pouco a pouco perdemos a capacidade de obter prazer nas coisas simples. Embora haja idosos no corpo de jovens e jovens no corpo de idosos, com o passar do tempo temos tendência a expandir uma série de "favelas", "bairros mal iluminados", "lixo" na grande cidade da memória. O fenômeno RAM (registro automático da memória) capta involuntariamente todos os conflitos, preocupações, pensamentos negativos, fobias e ansiedades na memória, entulhando nosso inconsciente, deteriorando nossa qualidade de vida.

Nunca é demais chamar atenção para o fato de que ao lado da superabundância de alimentos há milhões de crianças e de adultos morrendo de fome. Como é possível que não haja um grupo de líderes políticos capazes de estabelecer critérios para se produzir um imposto mundial no comércio exterior que subsidie a oferta de alimentos para os miseráveis de nossa espécie?

Somos brancos, negros, americanos, alemães, franceses, brasileiros, chineses, mas não temos o sentimento de pertencer à mesma espécie. Não somos apaixonados uns pelos outros. Quantos de nós têm prazer em entrar no mundo mais profundo das crianças, dos colegas de trabalho e das pessoas íntimas que nos circundam? Uma das minhas maiores gratificações como psicoterapeuta é descobrir o interessante mundo interior das pessoas que me procuram. Cada ser humano, por mais anônimo que seja, possui uma história espetacular, mas não se dá conta disso. Temos o privilégio de ser uma espécie pensante, mas nem sempre honramos nossa inteligência.

O Mestre dos Mestres da escola da existência deixou claro em seus pensamentos, parábolas, reações e nas críticas dirigidas aos fariseus que a essência da alma humana estava adoecida. Percebia que a insatisfação e a ansiedade aumentavam com o passar dos anos. Por isso, convidava as pessoas a beber do seu transbordante prazer de viver, da sua sabedoria, do amor que dele jorrava, da sua mansidão.

Desejava mudar a essência da alma. Planejou para os seres humanos a conquista de uma vida lúcida, serena, sábia, alegre, tranquila e saturada de paixão pela existência. Seu objetivo era alcançar metas nunca atingidas pela filosofia e pelas ciências sociais. Ele veio com a maior de todas as missões: produzir um novo ser humano feliz e imortal.

CAPÍTULO 11

As lições e o treinamento da emoção do Mestre da Vida

Mapeando a alma humana

O filho de Deus apareceu num estábulo e cresceu levando uma vida simples. Aprendeu cedo o ofício da carpintaria. Para aquele que se colocou como Autor do mundo, que disse ter a mais alta posição do universo, era um verdadeiro teste construir telhados e encaixar peças de madeira. Ele não se importou, não sentia vergonha do seu humilde trabalho. Embora sua cultura fosse a mais elevada de todos os tempos, teve a humildade de ser criado por pais humanos e frequentar a escola da vida. Foi um grande mestre porque aprendeu a ser um grande aluno.

O carpinteiro de Nazaré tinha dois grandes ofícios. O primeiro era trabalhar com a madeira; o segundo e mais importante, aquele que escondia sua verdadeira missão, era mapear a alma humana. Ele veio compreender as raízes mais íntimas do universo consciente e inconsciente das pessoas. O Mestre da Vida mapeou o mundo dos pensamentos e das emoções como jamais o fez nenhum pesquisador da psiquiatria e da psicologia.

Enquanto encaixava e pregava as peças de madeira, o mestre

atuava como o mais excelente observador do comportamento humano. João, seu discípulo, escreveu que Jesus *"não necessitava que lhe dessem testemunho sobre o homem, porque ele conhecia o que havia no homem"* (João 2:25). Ultrapassava a cortina do comportamento e investigava com exímia habilidade os fundamentos de cada reação humana.

Enquanto fazia calos nas mãos, Jesus compreendia as dificuldades das pessoas em lidar com as perdas, críticas, ansiedades, frustrações, solidão, sentimento de culpa, fracassos. Enquanto visitava seus amigos e andava pelas ruas da pequena Nazaré, analisava a ira, a inveja, o ciúme, a impaciência, a instabilidade, a simulação, a prepotência, o desânimo, a baixa autoestima, a angústia, tudo que consumia diariamente a vida das pessoas. Ninguém imaginava que, escondido na pele de um carpinteiro, se encontrava o mais excelente Mestre da Vida. Ninguém poderia supor que esse homem, enquanto batia com os martelos, fazia uma análise detalhadíssima da humanidade.

Qual foi o resultado de tantos anos de investigação e análise da alma humana? O resultado não poderia ser mais surpreendente. As palavras que ele disse causavam assombro até em um ateu radical. Quando começou a falar, era de se esperar que Jesus Cristo condenasse e punisse com veemência a humanidade, pois detectara todos os seus defeitos. No entanto, ele pronunciou com a mais alta eloquência palavras de doçura e brandura como ninguém jamais o fez, nem antes nem depois dele. O perdão em sua boca virou uma arte; o amor se tornou poesia; a solidariedade, uma sinfonia; a mansidão, um manual de vida.

Por amar intensamente o ser humano e perceber as falhas contínuas de sua alma, o Mestre da Vida, em vez de tecer críticas às pessoas, acolheu calorosamente a todos. Sabia que a grande maioria gostaria de ser paciente, gentil, solidária, amável, mas não tinha estrutura para controlar plenamente a energia emocional e o processo de construção dos pensamentos.

Quando dizia aos seus discípulos que eles eram homens de pouca fé, não estava se referindo a milagres sobrenaturais, mas ao maior de todos os "milagres naturais": o domínio do medo, da inveja, da ira, da ansiedade, da angústia, do desânimo.

Aquele que esquadrinhou o funcionamento da mente humana não considerou a humanidade um projeto falido. Ao contrário, veio consertá-la de dentro para fora, trouxe mecanismos para resgatá-la. Por isso, honrou e valorizou cada ser humano do jeito que é, na esperança de poder transformá-lo.

Treinando e transformando a emoção

Um dia recebi uma ligação curiosa em meu consultório. A não ser em caso de urgência, peço para não ser interrompido durante as consultas. Mas a pessoa insistiu. Era alguém expressando não um problema, e sim uma grande alegria. Queria relatar a experiência que teve ao ler o segundo livro desta coleção, *O Mestre da Sensibilidade*. Disse-me que enfrentava um grave conflito que o vinha perturbando por décadas. Sentia-se como um novo Hitler, pois qualquer pequena ofensa lhe provocava um ódio intenso e quase assassino. Não conseguia controlar sua raiva.

Relatou também que tinha um desejo constante de suicidar-se, que a vida perdera todo o sentido para ele. Passara pelas mãos de doze psiquiatras, sem sucesso no tratamento. Nenhum medicamento ou procedimento psicoterapêutico foi capaz de ajudá-lo. Porém, após compreender como Jesus navegava no território da emoção, como lidava com as dores e frustrações da vida, como superava seus focos de tensão e como vivia a arte de amar, uma revolução ocorreu em seu ser.

Disse-me que a leitura desse livro mudou a sua história. Começou a penetrar dentro de si e a repensar os parâmetros de sua vida. Passou a se perdoar e a ser afetuoso com as pessoas que o rodeavam. Uma paixão pela vida brotou no cerne da sua alma.

Sentia-se livre e feliz como nunca. Comentou que foi o melhor presente que recebeu em seus sessenta anos de idade, e por isso insistiu em me dar a notícia.

Fiquei muito feliz por ele, mas estou convicto de que a revolução que ocorreu na vida desse homem não foi causada por mim, enquanto escritor, mas pela grandeza do personagem que descrevo. Vários relatos semelhantes a esse têm chegado a mim. O Mestre da Sensibilidade muda completamente a maneira de as pessoas verem o mundo e reagirem nas relações sociais. Agora, o Mestre da Vida nos mostra outra face do seu ensinamento: o treinamento da emoção.

Muitos têm escrito sobre o poder que tem a emoção de influenciar a inteligência e o comportamento humano, mas não sabem que há dois mil anos houve um mestre especialista em treinar as áreas mais difíceis e mais belas da energia emocional.

Ele não impôs nenhuma condição para acolher as pessoas (*Mateus 5:43 a 45*). Por conhecer as dificuldades do ser humano em administrar suas emoções, ensinava sistematicamente que as relações sociais deveriam ser pautadas pela compreensão, solidariedade, paciência, respeito pelas dificuldades dos outros, amor ao próximo, e não pela punição e condenação. Sabia que sem esses atributos não é possível levar uma vida livre e feliz nesta sinuosa existência.

As lições de vida e o treinamento da emoção que Jesus deu aos seus discípulos eram elevadíssimos e podem enriquecer a história de todos nós. Vejamos alguns exemplos.

Ele ensinou o caminho da simplicidade. Aprender a ser simples por fora, mas forte, lúcido e seguro por dentro era uma lição básica. Algumas pessoas pagam para sair nas colunas sociais, mas os que seguiam os seus passos aprendiam a valorizar aquilo que o dinheiro não compra e o status social não alcança.

Certas pessoas parecem humildes, mas sua humildade é doentia. Recentemente, um jovem deprimido me procurou com um profundo ar de penúria. Não olhava nos meus olhos. Dizia que era feio, sem cultura, que ninguém se importava com ele, e que não tinha inteligência para realizar algo digno.

Muitos tentaram ajudá-lo, mas ninguém conseguiu. Observando sua rigidez disfarçada de humildade, fitei-o nos olhos e disse-lhe: "Você é um deus." Espantado, ele me perguntou: "Como assim?" Respondi: "Suas verdades são absolutas, ninguém consegue penetrar no seu mundo. Você crê plenamente naquilo que pensa. Só um deus pode pensar de maneira tão absoluta, sem se questionar."

Então ele começou a entender que precisava abrir espaço para trabalhar seus conflitos e reciclar as suas verdades. Entendeu que, por trás da cortina da sua humildade, havia um homem fechado, autossuficiente, que agia como um carrasco de si mesmo. Na psicologia clínica, o "eu passivo e autopunitivo" é um problema maior do que a própria doença do paciente.

A humildade que Jesus apregoava era um brinde à vida: ele era inteligente, cativante e saudável, capaz de deixar atônitos seus observadores. Amava agir com naturalidade e espontaneidade. Não discriminava ninguém. Jantava na casa de qualquer família que o convidasse e sentia-se tão bem no meio das pessoas que frequentemente se reclinava à mesa.

Ele nos ensinou a navegar nas águas da emoção. Uma das maiores dificuldades da educação clássica é não saber como ensinar os jovens a lidar com seus fracassos, angústias e medos. O Mestre da Vida foi muito longe em seu treinamento. Treinou seus seguidores para transformar os fracassos em alimento para as suas vitórias; induziu-os a não se conformar com as próprias misérias emocionais e a superá-las; levou-os a confrontar e vencer o medo de doenças, da morte, de serem excluídos socialmente, humilhados, incompreendidos, abandonados, feridos.

Ensinou o caminho da tranquilidade. Treinou seus discípulos a encontrar a paz interior perdoando seus inimigos. Ensinou que para amar os outros era necessário tirar a venda dos olhos e enxergar a própria debilidade. Só assim teriam mais capacidade para compreender as causas subjacentes dos comportamentos daqueles que os feriam (*Mateus 7:3*). Não os julgando, mas compreendendo-os, conheceriam as razões que os motivaram a desferir seus golpes. Conhecendo as causas, os golpes deixariam de gerar raiva e produziriam compaixão. Desse modo, os inimigos deixariam de ser inimigos.

Jesus fez da capacidade de compreender e de enxergar o mundo com os olhos dos outros os atributos dos fortes. Os fracos não resistem ao ímpeto de criticar, mas os fortes compreendem e amam. O mundo podia desabar sobre o Mestre da Vida, mas nada lhe roubava a tranquilidade ou perturbava-lhe o sono (*Mateus 8:24*). Tamanha sabedoria o transformava no mais tranquilo dos homens, no mais calmo dos torturados, no único réu que dirigiu seu julgamento.

Ensinou a nunca desistir da vida. Na parábola do filho pródigo, o pai silenciou o filho quando ele começou a relatar os seus erros. O filho pródigo não precisava de sermões, de punição, de críticas, pois o peso das perdas já o fizera demasiadamente infeliz. Ele necessitava do aconchego do pai, do seu acolhimento, de coragem para não desistir da vida. Por isso, ao contrário de todos os pais do mundo, em vez de fazer uma merecida crítica, ele preparou uma grande festa para o filho rebelde, insolente e insensível. Impressionado com a amabilidade do pai, o filho aprendeu que sua maior perda não eram os bens que dizimara, mas a agradável presença do seu pai.

Nessa parábola, o Mestre da Vida foi mais longe do que qualquer humanista. Mostrou que valorizava mais as pessoas do que seus erros, mais a vida do que seus percalços. Também dessa história extraímos que, para ele, o retorno sempre é possível, ainda que tenhamos dissipado nossas vidas tolamente e pautado nossa trajetória com perdas, frustrações e fragilidades.

Nem mesmo Judas escapou da gentileza do mestre. Jesus tinha todos os motivos para expor publicamente a traição desse discípulo, mas, além de o ter poupado diante dos demais, o tratou com distinção até no ato da traição.

Ensinou a chorar quando for necessário. Muitas vezes nossos sentimentos ficam represados. Não são poucos os que sentem necessidade de chorar e não conseguem. O próprio Jesus não teve medo ou vergonha de chorar. Uma das experiências mais importantes de Pedro foi quando, depois de ter negado Jesus, caiu em si, reconheceu que estava encarcerado pelo medo e chorou. Ao treinar a emoção de Pedro, ele treinava a emoção de todos nós.

Ensinou o caminho da autenticidade. Ao dizer, momentos antes de ser preso, que sua alma estava angustiada até a morte, usou sua própria dor para treinar seus discípulos a serem autênticos, a não disfarçarem seus sentimentos, e sim aprenderem a falar dos seus conflitos, ainda que fosse com alguns amigos mais íntimos. Infelizmente, muitos não conseguem se abrir para falar de si mesmos.

Ensinou a respeitar o direito de decisão das pessoas. O Mestre da Vida treinou os impulsivos a pensar antes de reagir, e os autoritários a expor e não impor suas ideias. Os discípulos aprendiam com ele a não usar qualquer pressão para convencer as pessoas a aderirem às suas ideias. Apesar de dizer que tinha a água e o pão que matavam a sede e a fome da alma, nunca obrigava as pessoas a comer e beber do que lhes oferecia, apenas as convidava. Ninguém era obrigado a segui-lo. Deu-nos uma lição inesquecível: o amor só consegue florescer no solo da liberdade.

Ensinou a arte da sensibilidade. Há pouco tempo, um amigo oncologista disse-me que ele e alguns de seus colegas médicos, por tratarem de pessoas com câncer e lidarem constantemente com a morte, estavam perdendo a sensibilidade, sentiam dificuldade em se comover com a angústia dos outros. De fato, quem observa frequentemente a dor e a morte, como os médicos, os enfermeiros, os policiais, os soldados nas guerras, pode se psicoadaptar aos sentimentos das pessoas, perder a compaixão e deixar de se encantar com a existência, o que conspira contra a qualidade de vida.

Ao dar importância à história e aos conflitos de cada pessoa, o Mestre da Vida treinava a sensibilidade dos seus discípulos. Sua capacidade de se doar era admirável. Os discípulos queriam que ele estivesse nos patamares mais altos do poder e da fama, mas ele procurava os doentes, os que estavam deprimidos, ansiosos e fatigados pela vida. Nunca alguém tão castigado desenvolveu de tal forma a mais fina arte da sensibilidade.

Ensinou o caminho da contemplação do belo. Ao encorajar seus discípulos a olhar os lírios dos campos e a não gravitar em torno dos problemas do amanhã, o mestre os treinava para perceber que as coisas mais belas da vida estão presentes nas coisas mais simples (*Mateus 6:28*). Percorremos frequentemente longos e desgastantes caminhos para procurar a felicidade, sem perceber que o que mais procuramos muitas vezes está mais perto de nós do que imaginamos.

Ensinou o caminho das relações humanas harmoniosas e agradáveis. Treinou seus discípulos para apreciarem o convívio com os outros, para serem capazes de analisar os comportamentos das pessoas, perceberem seus sentimentos mais ocultos, serem sábios e atraentes no falar. Os que conviviam com o Mestre da Vida lapidavam sua postura áspera e fechada e se tornavam serenos e abertos. O próprio Jesus era tão agradável que todos queriam estar ao seu lado. Mulheres, homens, velhos e crianças corriam para vê-lo, tocá-lo e manter algum diálogo com ele.

As lições de vida e o treinamento da emoção de Jesus Cristo revelam que, como homem, ele atingiu o topo da sabedoria, da mansidão, da gentileza, da simplicidade, do respeito pelos direitos humanos, da capacidade de se doar, da preocupação com o destino da humanidade. Por isso, embora nunca tenha tido privilégios sociais, por onde quer que passasse provocava um sentimento prazeroso nas pessoas. Ao encontrá-lo, muitos renovavam suas esperanças e reacendiam um novo ânimo de vida. Quando ele foi preso, todos ficaram desesperados e impacientes.

O resultado

As lições de vida e o treinamento da emoção ministrados pelo mestre fizeram com que pescadores rudes e sem qualquer qualificação intelectual, após sua morte, levassem adiante a bandeira da maior revolução da história.

Depois de passar pelo refinado treinamento do mestre, eles nunca mais foram os mesmos, pois incorporaram pouco a pouco as mais belas e importantes características da inteligência, aprenderam a navegar nas águas da emoção, a superar o medo, a perdoar, a pedir desculpas, a derramar lágrimas, a abrir as portas da criatividade, a refinar a arte de pensar, a esculpir a linguagem do amor. Esses homens se tornaram uma luz num mundo escuro e, por vezes, desumano. Estudaremos esse assunto no quinto livro desta coleção, *O Mestre Inesquecível*.

O maior comunicador do mundo foi o maior educador do mundo, teve o maior plano do mundo, foi o maior empreendedor do mundo, viveu o maior amor do mundo e causou a maior revolução do mundo. O resultado é que bilhões de pessoas de todas as raças, culturas, religiões e condições socioeconômicas dizem segui-lo. E a parte do globo que diz não ser cristã nutre profunda admiração por ele.

Final do julgamento: a grande surpresa ao sair da casa de Pilatos

Quando alguém perde o poder numa sociedade, é colocado em segundo plano e deixa de influenciar o ambiente. Jesus Cristo, ao contrário, conseguiu um feito extraordinário. Quando assumiu plenamente sua condição humana, quando deixou de lado seus feitos sobrenaturais e sua exímia capacidade de argumentação, foi espantosamente ainda mais fascinante.

Livre, ele fez milagres e proferiu discursos com incrível sabedoria, arrebatando multidões. Preso, ele produziu olhares, pequenas frases e gestos quase imperceptíveis que nos deixam perplexos.

Agora, ele foi julgado e está mutilado. Em menos de doze horas seus inimigos destruíram seu corpo. O filho do homem não tinha mais força para caminhar. Fizeram com ele o que não faziam com nenhum condenado ao suplício da cruz.

O mais amável e poderoso dos homens sangrava abundantemente, tinha a face mutilada, os olhos inchados, os músculos do abdome feridos. Não conseguia andar direito. A pele das costas estava aberta pelos açoites, e seu corpo, desidratado.

Jesus ainda se encontra diante de Pilatos e o vê lavar as mãos. Assiste ao governador fazendo a vontade dos judeus e entregando-o para ser crucificado. O Mestre da Vida está profundamente ferido e sem energia para carregar a cruz.

Lá fora, uma multidão de homens e mulheres anseia por notícias. Desejam saber o veredicto romano. De repente, um homem quase irreconhecível, carregando com enorme dificuldade uma trave de madeira, aparece.

A multidão fica chocada. Parecia uma miragem. Não acreditavam no que viam. O mais manso dos homens estava profundamente ferido. O homem que fizera milagres estarrecedores estava desfigurado. O único homem que afirmou ser a fonte da vida eterna estava morrendo. O poeta do amor sangrava.

A cena era impressionante. A angústia tomou conta de milhares de homens e mulheres. Um cordão humano foi feito para abrir caminho. Fico imaginando o que se passava na mente daquelas pessoas sofridas que foram cativadas por ele e ganharam um novo sentido na vida.

Fico pensando em como o sonho dessas pessoas se converteu em um grande pesadelo. Perturbadas, talvez cada uma delas se perguntasse: será que tudo o que ele falou era real? Será que a vida eterna, sobre a qual ele tanto discursou, não existe? Será que nunca mais encontraremos nossos seres queridos que fecharam os olhos para a existência? Se ele é o filho de Deus, onde está o seu poder?

O povo ficou estarrecido. Ao contemplarem o Mestre do Amor cambaleante e sem energia para carregar a cruz, não suportaram. Todos começaram a chorar. Lucas descreve o desespero incontido daquelas pessoas (*Lucas 23:27*). A esperança dos que vieram de tão longe para vê-lo se evaporou como uma gota d'água no calor do meio-dia.

O sangue escorria pela cabeça de Jesus e as lágrimas rolavam pelo rosto dos que o amavam. O sangue e as lágrimas se misturaram num dos mais emocionantes cenários da história.

Aparentemente ele era o mais fracassado dos homens, mas, apesar de desfigurado, conseguia ainda causar grande impacto nas pessoas. Os homens do sinédrio e da política romana não imaginavam que ele fosse tão querido.

Estava tão abatido que não tinha forças para carregar aquilo que mais desejava: a cruz. Caía frequentemente, e por isso precisou ser ajudado. Todo o seu corpo doía, seus músculos traumatizados mal se moviam. Não havia, portanto, condições físicas e psíquicas para que se preocupasse com mais ninguém, a não ser consigo mesmo. Entretanto, ao observar as lágrimas dos que o amavam, não suportou.

Parou subitamente. Ergueu os olhos! Conseguiu reunir forças para dizer palavras sublimes que aliviassem a inconsolável multidão. As palavras que ele proferiu bem como todos os mistérios envolvidos na sua travessia para o Gólgota, na sua crucificação, até a última batida do seu coração serão analisados no próximo livro desta coleção, *O Mestre do Amor*.

As lições inesquecíveis para a nossa vida

Ninguém jamais disse as palavras que Jesus pronunciou enquanto todas as células do seu corpo morriam. Ele nos deu lições inesquecíveis, da aurora ao ocaso de sua vida, em seus belíssimos discursos e em suas reações ofegantes. Mostrou-nos que a vida é o maior espetáculo do mundo!

A vida que pulsa na criatividade das crianças, na despedida dos amigos, no abraço apertado dos pais, na solidão de um doente, no choro dos que perdem seus seres amados era considerada pelo Mestre dos Mestres a obra-prima do Autor da existência. Por isso, planejou derramar a sua alma na morte para que a vida humana continuasse a pulsar.

Quando você estiver só no meio da multidão, quando errar, fracassar e ninguém o compreender, quando as lágrimas que nunca teve coragem de chorar escorrerem silenciosamente pelo seu rosto e você sentir que não tem mais forças para continuar sua jornada, não se desespere!

Pare! Faça uma pausa na sua vida! Não dispare o gatilho da agressividade e do autoabandono! Enfrente o seu medo! Faça do seu medo alimento para sua força. Destrave a sua inteligência, abra as janelas da sua mente, areje o seu espírito! Não seja um técnico na vida, mas um pequeno aprendiz. Permita-se ser ensinado pelos outros, aprenda lições dos seus erros e dificuldades. Liberte-se do cárcere da emoção e dos pensamentos negativos. Jamais se psicoadapte à sua miséria!

Lembre-se do Mestre da Vida! Ele nos convidou a sermos livres mesmo diante das turbulências, perdas e fracassos, mesmo sem haver nenhum motivo aparente para nos alegrarmos. Tenha a mais legítima de todas as ambições: ambicione ser feliz! Sua emoção vai lhe agradecer.

Lembre-se que Jesus Cristo, um ser humano igual a você, passou pelos mais dramáticos sofrimentos e os superou com a mais alta dignidade. Seja apaixonado pela vida como ele foi. Lembre-se que, por amar apaixonadamente a humanidade, ele teve o mais ambicioso plano da história. Mantenha em mente que nesse plano você é uma pessoa única, e não mais um número na multidão.

A vida que pulsa na sua alma torna você especial, inigualável, por mais dificuldades que atravesse, por mais conflitos que tenha. Portanto, erga seus olhos e contemple o horizonte! Enxergue o que ninguém consegue ver! Há um oásis no fim do seu longo e escaldante deserto!

Saiba que as flores mais lindas sucedem aos invernos mais rigorosos. Tenha a convicção de que dos momentos mais difíceis de sua vida você pode escrever os mais belos capítulos de sua história.

Nunca desista de você! Dê sempre uma chance a si mesmo. Nunca desista dos outros! Ajude-os a corrigir as rotas de suas vidas. Mas, se não conseguir, poupe energia, proteja a sua emoção e aguarde que eles queiram ser ajudados. Enquanto isso, aceite-os do jeito que são, ame-os com todos os defeitos que têm. Amar traz saúde para a emoção.

Jesus encantava as pessoas com suas palavras. As multidões, ao ouvi-lo, renovavam suas forças e encontravam um novo sentido para suas vidas! Ele reacendeu a esperança de muitos, mesmo quando não tinha energia para falar. Compreendeu o que é ser homem e fez poemas sobre a vida, até sangrando. Pagou um preço caríssimo para cultivar o árido solo de nossas emoções. Brilhou onde não havia nenhum raio de sol. Nunca mais pisou na Terra alguém tão fascinante como o Mestre da Vida.

APÊNDICE

Os homens do Império Romano na história de Cristo: o pano de fundo

Aqui o leitor vai encontrar uma síntese das características da personalidade e da atuação dos mais importantes personagens do Império Romano que participaram direta ou indiretamente da história do Mestre dos Mestres.

Herodes, o Grande

Herodes, o Grande era o rei da Judeia e da Galileia quando Jesus nasceu.

Seu pai, Antipater, teve uma posição de grande influência no governo de Hircano II, último rei judeu. Antipater percebeu que o futuro da Judeia, onde fica a cidade de Jerusalém, estaria nas mãos de Roma. Astuciosamente ganhou a amizade do imperador romano Júlio César. Auxiliou-o com homens e dinheiro em algumas de suas batalhas em 48 a.C. O imperador o recompensou fazendo-o governador da Judeia, Samaria e Galileia, território sob o domínio de Hircano. Desse modo, a partir de Antipater, Israel deixou de ter o seu próprio rei, algo inaceitável para o seu povo.

Herodes seguiu perseverantemente a política do pai. Habilidoso, sabia que não podia confrontar-se com aqueles que dominavam o mundo e por isso se aliou sucessivamente aos imperadores Pompeu, Júlio César, Cássio, Antônio e, finalmente, a Augusto. Por decreto do Senado romano, em 40 a.C. Herodes, o Grande tornou-se rei da Judeia. Seu reinado vai de 40 a.C. a 4 d.C., durando portanto cerca de 44 anos. Foi o fundador da última dinastia judaica. Corajoso, apoderou-se de Jerusalém com o auxílio de duas legiões romanas.

Apesar de extremamente violento, Herodes se mostrou um grande construtor. Empregou quatorze anos na construção de edifícios públicos, incluindo o teatro de Jerusalém. Edificou também novas cidades, a maior das quais era Cesareia, em homenagem ao imperador. Sua maior obra foi a reedificação do templo. Entretanto, a águia de ouro, símbolo da supremacia romana, que ele colocou no alto da entrada principal do templo, foi para o povo judeu uma lembrança amarga e constante da servidão imposta por Roma.

Herodes era tão frio e desumano que Augusto, o grande imperador romano, chegou a afirmar que preferia ser "um dos seus suínos a ser um dos seus filhos".

No final da vida de Herodes apareceram alguns magos do Oriente em Jerusalém trazendo uma notícia incomum: o nascimento de um menino especial, destinado a ser rei. A notícia se espalhou como um raio entre os habitantes da cidade e chegou aos ouvidos do ambicioso Herodes. Convocados à sua presença, os magos relataram uma visão impressionante. Tinham visto uma estrela brilhante, diferente de todas as outras, que indicava o nobre nascimento.

O medo invadiu os porões da alma de Herodes. Demonstrando uma falsa reverência, pediu aos magos que quando encontrassem o menino-rei viessem avisá-lo para que ele também pudesse adorá-lo. Quem ama o poder acima da própria consciência cultiva a política com mentiras.

Como depois de certo tempo os magos não apareceram, o rei, sentindo-se traído, mais uma vez deixou-se dominar pela cólera. Mandou assassinar todas as crianças menores de dois anos. Matando as crianças e dilacerando o coração de suas mães, Herodes mostrou que homens de sua estirpe nunca estiveram preparados para governar nem para amar. O menino Jesus teve de fugir. Mal dava os primeiros passos e já sentia na pele a agressividade humana.

O calendário usado em praticamente todo o mundo estabelece o nascimento de Cristo como marco para a divisão da história. Todavia, houve alguns erros de cálculo. Jesus teria nascido em torno de quatro a cinco anos antes do que é considerado o início da era cristã.

Pouco tempo depois de assassinar as crianças, Herodes, o Grande adoeceu mortalmente. A história diz que ele começou a apodrecer por dentro, devorado por vermes. Sentia dores horríveis que nada era capaz de aliviar. Quando morreu, seu reino foi dividido entre seus filhos: Arquelau (Judeia e Samaria), Herodes Antipas (Galileia e Pereia) e Filipe (parte da Palestina).

Herodes Antipas

Herodes Antipas, filho do rei Herodes, o Grande, permaneceu governando a Galileia até a vida adulta de Jesus. Foi ele quem mandou matar João Batista, aquele que, no deserto da Judeia, anunciava a chegada de Jesus e mais tarde o batizou (*Mateus 3:1*). A execução de João Batista está narrada no capítulo 14 de Mateus. Herodes encontra Jesus pela primeira vez durante o julgamento, como registra Lucas no capítulo 23, versículos 8 a 12, trata-o com desprezo e o devolve a Pilatos.

Tibério César – imperador

Tibério não teve participação direta nos sofrimentos de Cristo. Jesus viveu boa parte da sua infância e da vida adulta no mundo dominado por esse imperador, que era um tirano. Por isso, indiretamente, as ações de Tibério se refletiram em sua história e em seu julgamento, principalmente por intermédio do governador designado para a Judeia, Pilatos.

A efígie de Tibério estava estampada no denário, moeda romana paga pelo trabalho de um dia. Usando a imagem gravada nessa moeda, Jesus confundiu a inteligência dos seus acusadores quando disse: *"Dai a César (Tibério) o que é de César e a Deus o que é de Deus"* (*Mateus 22:21*).

Nunca houve um império tão grande e que subsistisse por tantos séculos como o Império Romano. Era grande em poder, mas também em corrupção e violência. A corrupção é um vírus que infecta o poder. Nunca morre, apenas fica latente. Os governos que não o combatem morrem por dentro.

Pôncio Pilatos

Depois que Arquelau, filho do rei Herodes, foi exilado para a Gália em 6 d.C., a dinastia herodiana se extinguiu na Judeia e na Samaria. Roma deixou de nomear os filhos de Herodes e passou a designar procuradores que governavam as regiões que estavam sob sua influência direta. Pilatos foi o quinto dos sete procuradores romanos que de 6 a 41 d.C. governaram a Judeia e a Samaria. Pilatos governou a Judeia por cerca de dez anos.

Muitos pensam que Pilatos era um homem justo. Veem seu famoso gesto de "lavar as mãos" como uma manifestação de justiça. Entretanto, nem o gesto de Pilatos nem sua história expressam justiça, e sim desumanidade.

O historiador judeu Filo cita uma carta do rei Agripa I na

qual Pilatos é apontado como "um homem inflexível e de caráter irrefletidamente severo (...) Sua administração era cheia de corrupção, violência, furtos, maus-tratos para com o povo judeu, injúrias, execuções sumárias sem uma forma sequer de julgamento, e intoleráveis crueldades".

O massacre mencionado no registro de Lucas é uma prova da crueldade desse homem (*Lucas 13:1*). Na ocasião, alguns galileus foram mortos por soldados de Pilatos enquanto estariam oferecendo sacrifícios no templo. O sangue deles foi misturado com o sangue dos sacrifícios.

Pilatos era tão arrogante que frequentemente feria os sentimentos de liberdade religiosa do povo judeu. Desprezava e provocava a cúpula judaica. No julgamento de Jesus, desafiou os homens do sinédrio, dizendo: *"Eis o vosso rei"* (*João 19:14*).

Israel fazia constantes rebeliões contra o Império Romano, pois nunca aceitou seu domínio. Todos os governantes tinham medo de uma revolta do povo judeu, mas Pilatos não se importava com eles. Massacrava as revoltas.

Só havia um homem que Pilatos temia: o imperador Tibério. Este era considerado o senhor do mundo. Pilatos tinha medo de que o imperador pudesse destituí-lo do poder. Mas seu governo despótico e violento amotinou de tal forma os judeus, que Vitélio, governador da Síria, enviou uma mensagem a Tibério relatando os feitos de Pilatos. Logo após a morte do imperador, seu governo acabou repentinamente, e a história conta que ele se suicidou.

Foram utilizadas as seguintes versões dos evangelhos: a Bíblia de Jerusalém, João Ferreira de Almeida, King James e Recovery Version.

CONHEÇA OUTROS TÍTULOS DA COLEÇÃO ANÁLISE DA INTELIGÊNCIA DE CRISTO

O Mestre dos Mestres

Ao longo da história, muitas pessoas conseguiram mudar o curso da política, da filosofia, da ciência ou da religião. Houve um homem, no entanto, que foi capaz não só de abalar os alicerces do pensamento como de alterar para sempre a trajetória da humanidade.

Esse homem foi Jesus Cristo e seus ensinamentos geram frutos há mais de 2 mil anos. Sua incomparável personalidade o torna o perfeito ponto de partida para uma investigação sobre o funcionamento da mente e sua surpreendente capacidade de superação.

Em *O Mestre dos Mestres*, primeiro volume da coleção Análise da Inteligência de Cristo, Augusto Cury faz uma abordagem original da vida desse grande personagem, revelando que sua inteligência era bem mais grandiosa do que imaginamos.

Sob o ponto de vista da psicologia, Cury apresenta um fascinante estudo do comportamento de Jesus, iluminando os aspectos mais notáveis de suas atitudes. Não importam quais sejam suas crenças, sua religião, posição social ou condição financeira, a mensagem de Cristo é universal e fala ao coração de todas as pessoas.

O Mestre da Sensibilidade

Em *O Mestre da Sensibilidade*, segundo livro da coleção Análise da Inteligência de Cristo, Augusto Cury apresenta um estudo sobre as emoções de Jesus e explica como ele foi capaz de suportar as maiores provações em nome da fé.

Jesus demonstrou ser um grande mestre na escola da vida diante das angústias que antecederam sua morte, como a traição de Judas, a falta de apoio dos discípulos e a consciência do cálice que iria beber.

O sofrimento, em vez de abatê-lo, expandiu sua inteligência. Através de sua história, Jesus provou que é possível encarar a dor com sabedoria. Apesar de ter todos os motivos para desistir de seu chamado e tornar-se uma pessoa fechada e agressiva, tornou-se um ícone de celebração à alegria, à liberdade e à esperança.

O exemplo de Jesus nos ajuda a melhorar a qualidade de vida e a prevenir doenças psíquicas como a depressão, a ansiedade e o estresse. Analisar seu brilhante comportamento acende as luzes de nossa consciência e nos torna pessoas mais abertas para as infinitas maravilhas da existência.

O Mestre do Amor

Este livro conta uma história de amor: amor pela vida, pela humanidade, por suas falhas e superações. Apenas uma pessoa foi capaz de levar esse sentimento às últimas consequências e, em nome dele, entregar-se à morte.

Em *O Mestre do Amor*, quarto livro da coleção Análise da Inteligência de Cristo, Augusto Cury investiga a paixão que Jesus nutria pelo ser humano. Com uma abordagem poética – embora baseada na ciência, na história e na psicologia –, o autor faz um estudo das tocantes mensagens que Jesus deixou antes de morrer na cruz.

Jesus sabia que o sofrimento fazia parte de seu destino e que precisava dele para completar sua missão. Refletindo sobre essas reações tão generosas, descobrimos quanto as nossas atitudes podem ser egoístas e percebemos nossa tendência a superdimensionar os problemas, deixando de ver as valiosas lições que eles nos trazem.

Jesus Cristo foi um homem como qualquer outro: sofreu, chorou e viveu momentos de extrema ansiedade. Apesar disso, foi perfeito na capacidade de perdoar, respeitar, compreender, ter misericórdia e dignidade. Mas, principalmente, foi brilhante na habilidade de amar, de ser líder do seu próprio mundo e de suas emoções.

O Mestre Inesquecível

No último livro da coleção Análise da Inteligência de Cristo, Augusto Cury estuda a face de Jesus como mestre, educador e artesão da personalidade. *O Mestre Inesquecível* revela o fantástico crescimento psíquico e intelectual vivido pelos apóstolos e mostra como Jesus os transformou nos excelentes pensadores que revolucionaram a humanidade.

Para formar seguidores aptos a difundir suas palavras, Jesus escolheu homens simples e desenvolveu neles a arte de pensar, a tolerância, a solidariedade, o perdão, a capacidade de se colocar no lugar do outro, o amor e a tranquilidade.

Numa época em que o ensino está em crise, a história de Jesus e seus discípulos nos ajuda a abrir os olhos para o verdadeiro sentido da educação: mais do que transmitir informações, educar é produzir a capacidade de pensar, de questionar, de superar desafios, de compreender o mundo e de tornar-se melhor a cada dia.

Para fechar com chave de ouro esta coleção, Cury nos mostra que Jesus foi o maior exemplo de dignidade, fraternidade e abnegação que já pisou nos solos áridos da Terra.

CONHEÇA OUTROS TÍTULOS DO AUTOR

O homem mais inteligente da história

Psicólogo e pesquisador, Dr. Marco Polo desenvolveu uma teoria inédita sobre o funcionamento da mente e a gestão da emoção. Após sofrer uma terrível perda pessoal, ele vai a Jerusalém participar de um ciclo de conferências na ONU e é confrontado com uma pergunta surpreendente: Jesus sabia gerenciar a própria mente?

Ateu convicto, Marco Polo responde que ciência e religião não se misturam. No entanto, instigado pelo tema, decide analisar a inteligência de Cristo à luz das ciências humanas. Ele esperava encontrar um homem simplório, com poucos recursos emocionais. Mas ao mergulhar na inquietante biografia de Jesus presente no Livro de Lucas, suas crenças vão sendo pouco a pouco colocadas em xeque.

Para empreender essa incrível jornada, Marco Polo vai contar com uma mesa-redonda composta por dois brilhantes teólogos, um renomado neurocirurgião e sua assistente, a psiquiatra Sofia. Juntos, eles irão decifrar os sentidos ocultos em um dos textos mais famosos do Novo Testamento.

Os debates são transmitidos via internet e cativam espectadores em todo o mundo – mas nem todos estão preparados para ver Jesus sob uma ótica tão revolucionária. Agora os intelectuais terão que lidar com seus próprios fantasmas emocionais e encarar perigos que jamais imaginaram enfrentar.

O HOMEM MAIS FELIZ DA HISTÓRIA

O homem mais feliz da história é um romance protagonizado pelo psiquiatra Marco Polo, um pensador ateu e mundialmente reconhecido que ousa estudar a complexa mente de Jesus sob o ângulo da ciência.

Em uma jornada surpreendente, ele procura desvendar os misteriosos códigos da felicidade ocultos no mais famoso discurso do Mestre dos Mestres: o Sermão da Montanha. Ao mesmo tempo que fica fascinado com suas descobertas, Marco Polo sofre uma perseguição implacável de forças ocultas que farão de tudo para silenciar sua voz.

O homem mais feliz da história é a continuação da saga que começou com *O homem mais inteligente da história*, mas os livros podem ser lidos separadamente, sem nenhum prejuízo para o leitor.

CONHEÇA ALGUNS DESTAQUES DE NOSSO CATÁLOGO

- Augusto Cury: Você é insubstituível (2,8 milhões de livros vendidos), Nunca desista de seus sonhos (2,7 milhões de livros vendidos) e O médico da emoção
- Dale Carnegie: Como fazer amigos e influenciar pessoas (16 milhões de livros vendidos) e Como evitar preocupações e começar a viver
- Brené Brown: A coragem de ser imperfeito – Como aceitar a própria vulnerabilidade e vencer a vergonha (900 mil livros vendidos)
- T. Harv Eker: Os segredos da mente milionária (3 milhões de livros vendidos)
- Gustavo Cerbasi: Casais inteligentes enriquecem juntos (1,2 milhão de livros vendidos) e Como organizar sua vida financeira
- Greg McKeown: Essencialismo – A disciplinada busca por menos (700 mil livros vendidos) e Sem esforço – Torne mais fácil o que é mais importante
- Haemin Sunim: As coisas que você só vê quando desacelera (700 mil livros vendidos) e Amor pelas coisas imperfeitas
- Ana Claudia Quintana Arantes: A morte é um dia que vale a pena viver (650 mil livros vendidos) e Pra vida toda valer a pena viver
- Ichiro Kishimi e Fumitake Koga: A coragem de não agradar – Como se libertar da opinião dos outros (350 mil livros vendidos)
- Simon Sinek: Comece pelo porquê (350 mil livros vendidos) e O jogo infinito
- Robert B. Cialdini: As armas da persuasão (500 mil livros vendidos)
- Eckhart Tolle: O poder do agora (1,2 milhão de livros vendidos)
- Edith Eva Eger: A bailarina de Auschwitz (600 mil livros vendidos)
- Cristina Núñez Pereira e Rafael R. Valcárcel: Emocionário – Um guia lúdico para lidar com as emoções (800 mil livros vendidos)
- Nizan Guanaes e Arthur Guerra: Você aguenta ser feliz? – Como cuidar da saúde mental e física para ter qualidade de vida
- Suhas Kshirsagar: Mude seus horários, mude sua vida – Como usar o relógio biológico para perder peso, reduzir o estresse e ter mais saúde e energia

CONHEÇA OS TÍTULOS DE AUGUSTO CURY:

Ficção

Coleção *O homem mais inteligente da história*
O homem mais inteligente da história
O homem mais feliz da história
O maior líder da história
O médico da emoção

O futuro da humanidade
A ditadura da beleza e a revolução das mulheres
Armadilhas da mente

Não ficção

Coleção *Análise da inteligência de Cristo*
O Mestre dos Mestres
O Mestre da Sensibilidade
O Mestre da Vida
O Mestre do Amor
O Mestre Inesquecível

Nunca desista de seus sonhos
Você é insubstituível
O código da inteligência
Os segredos do Pai-Nosso
A sabedoria nossa de cada dia
Revolucione sua qualidade de vida
Pais brilhantes, professores fascinantes
Dez leis para ser feliz
Seja líder de si mesmo
Gerencie suas emoções

sextante.com.br